가슴에 바로 전달되는

아들러식 대화법

가슴에 바로 전달되는

아들러식 대화법

말하기 능력은 살아가는 능력과 직결된다

도다 구미 지음 | 이와이 도시노리 감수 | 이정환 옮김   🌱 나무생각

"잘했어!"
"멋지게 해냈는데!"
"애썼네!"
"역시!"

평소 우리가 직장이나 가정에서
자주 사용하는 이런 표현들로는,
사실 당신의 진심이 전해지기 어렵다.
대체 무엇이 잘못된 것일까?

모든 인간관계는
한마디 말로 바꿀 수 있다

앞쪽에서 예로 든 말들은 언뜻 바람직한 메시지인 것처럼 보이지만 사실 상대방을 평가하는 듯한 태도, 즉 위에서 상대방을 내려다보는 태도로 말하는 것이다.
이런 말을 되풀이할 경우, 상대방은 칭찬을 해주지 않으면 스스로 움직이지 않는 사람이 될 가능성이 높다.

프로이트, 융과 함께 현대 심리학의 3대 거장으로 불리는 알프레드 아들러는 이렇게 말했다.

"우리의 모든 고민은 인간관계에서 비롯된다."

시대와 국경을 초월한 고민이라고 할 수 있는 이 '인간관계'는 커뮤니케이션을 통하여 성립된다.
아들러 심리학에서는 소통을 위해서 상대방과의 대등한 눈높이, 공감하는 마음에서 나오는 메시지를 전할 것을 제시한다.

"○○ 씨, 이번에 좋은 결과를 냈다면서? 나도 정말 기뻐."

"○○ 씨가 처리해 준 일, 정말 큰 도움이 되었어."

"○○는 ○○ 씨가 노력해 준 결과야!"

이런 말은 상대방에게 활력을 불어넣어줄 뿐만 아니라 상대 방이 자신감을 가지고 스스로 행동할 수 있게 만든다.

나는 기업 연수나 개개인을 상대로 한 강연에서 '전달되는 대화법'이라는 주제를 활용하여 언어능력의 중요성을 다각도로 강조하고 있다.

강연에서는 일, 연애, 결혼, 가정 문제 등에 대한 다양한 조언을 하는데, 매번 강조하는 핵심 메시지가 바로 "평소 사용하는 말을 바꾸어 보라."는 것이다.

아들러 심리학에서는 인간관계에 대한 고민이 있을 때 그 대처 방법에 관하여 "물리력 대신 대화로 문제 해결을 하는 것이 중요하다."고 말한다.

평소에 사용하는 말을 조금 바꾸는 것만으로 인간관계를 놀라울 정도로 원만하게 유지할 수 있다.

단 한 마디로, 단 1분 만에 인간관계를 호전시킬 수도 있다.

문제를 해결할 수 있는 방법이 생각보다 간단하지 않은가?

혼자서 생각하는 것만으로는 자신의 뜻을 상대방에게 정확하게 전할 수 없다. 사람들은 저마다 다른 생각과 가치관을 가지고 있기 때문이다.

따라서 서로를 이해하기 위해서라도 자신의 생각을 말로 전할 필요가 있다.

이때 상대방에게 자신의 마음을 잘 전할 수 있는 말을 구사한다면 인간관계든 일이든 자연스럽게 풀려나갈 것이다.

자기 수용과 상호 신뢰를 전제로 대화를 하면 인간관계가 원만하게 풀립니다.

이 책은 특별히 다음과 같은 사람들에게 권하고 싶다.

☑ 낯을 가리는 편이라고 생각하는 사람

☑ 대화에 서투르다고 생각하는 사람

☑ 자신을 표현하는 데에 자신이 없는 사람

☑ 미움 받는 것이 두려워서 해야 할 말을 못하는 사람

☑ 인간관계를 원만하게 유지하고 싶은 사람

☑ 툭하면 상대방과 말다툼을 하는 사람

☑ 자신의 생각을 정확하게 전달하지 못해서 매번 후회하는 사람

☑ 말하기 거북한 상대가 있는 사람

☑ 다른 사람에게 적절한 충고나 조언을 할 수 없는 사람

언어능력을 갖춘다는 것은 어떤 시대, 어떤 상황에서도 매우 중요하다. 살아가는 능력과 직결되기 때문이다.

"어떤 사람을 만나더라도 나다운 모습을 잃지 않고 원만한 인간관계를 구축하고 싶다!"
"나와 상대방을 원망하지 않고 즐겁게 살고 싶다!"
"일에서 신뢰를 얻고 많은 사람에게 사랑받고 싶다!"

이런 생각을 하고 있다면 상대방의 가슴에 바로 전달되는 아들러식 말하기 능력을 갖추어 인간관계를 즐겁게 구축하도록 하자!

도다 구미

CONTENTS

PART 1 인간관계가 원만하지 않은 사람의 10가지 특징

PART 2 인간관계가 원만한 사람의
18가지 특징

PART 3 상대에게 믿음을 주는 8가지 경청 방법

PART 4 상대에게 마음을 전할 수 있는 9가지 대화 방법

PART 5 상황에 따라 마음을 전달하는 방법 (업무편)

프롤로그

아들러 심리학의
기본 용어

아들러 심리학에서 가장 핵심적인 이론은 무엇일까?
아들러 심리학의 기본 이론과 용어, 사고방식을 정리해 보자.

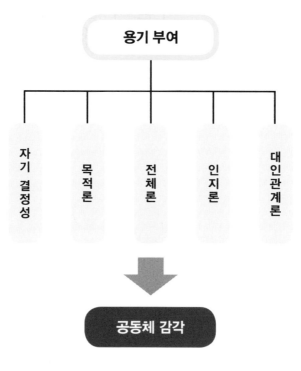

아들러 심리학의 기본 용어

용기 부여

자기 결정성 | 목적론 | 전체론 | 인지론 | 대인관계론

공동체 감각

용기 부여

아들러 심리학은 '용기를 부여하는 심리학'이다.

용기 부여는 '어려움을 극복할 수 있는 활력을 주는 것'이다.

사람들은 저마다 다양한 문제를 끌어안고 있다. 아들러 심리학에서는 그 문제들을 자발적으로 해결할 수 있도록 존중과 신뢰, 공감을 토대로 상대방과 자기 스스로에게 용기를 부여하는 것을 기본 사고로 지향한다.

"○○ 씨의 이번 결과, 나도 정말 기뻐."

"○○ 씨가 해준 일, 정말 큰 도움이 됐어."

"○○는 ○○ 씨가 노력해 온 결과야."

용기가 있는 사람과 용기가 없는 사람

용기가 있는 사람 ☺

자립심이 있다.

자신의 능력에 확신이 있다.

자신의 결점이나 약점을 객관적으로 인정한다.

실패나 좌절을 학습과 성장의 기회로 생각한다.

장래에 대하여 자신감을 가지고 있다.

자신과 타인의 차이를 인정한다.

타인과의 관계가 협력적이다.

자신의 감정을 컨트롤할 수 있다.

용기가 없는 사람 ☹

자립심이 부족하고 의존적이다.

자신을 무력하다고 생각한다.

자신의 결점이나 약점을 다른 사람 탓으로 돌린다.

실패나 좌절을 치명적이라고 생각한다.

장래에 대하여 비관적이다.

자신과 타인의 차이를 두려워한다.

타인과의 관계가 경쟁적이거나 회피적이다.

자신의 감정을 컨트롤하지 못한다.

용기를 부여하는 사람과 용기를 꺾는 사람

용기를 부여하는 사람 (◡‿◡)

존경과 신뢰를 바탕으로 용기를 부여한다.

낙관적이다.

목적 지향적이다.

전체적인 흐름(大局)을 본다.

상대방의 장점을 크게 본다.

상대방의 장점을 일깨워준다.

과정을 중요하게 생각한다.

인격을 중요하게 생각한다.

협력을 중요하게 생각한다.

상대방의 말을 경청한다.

실패를 수용한다.

용기를 꺾는 사람 (╥﹏╥)

공포를 일깨워서 억지 용기를 부여한다.

비관적이다.

원인 지향적이다.

세부적인 사항에 얽매인다.

상대방의 단점을 크게 본다.

단점을 지적한다.

실적이나 결과만을 중요하게 생각한다.

인격을 경시한다.

경쟁을 중요하게 생각한다.

상대방의 말에 귀를 기울이지 않는다.

실패를 비난한다.

자기 결정성

아들러는 "운명의 주인공은 자신이다."라고 말한다.

사람은 환경이나 과거의 사건으로부터 영향은 받지만, 그것을 어떻게 받아들이고 행동이나 태도를 어떤 식으로 결정하는지의 문제는 자신에게 달려 있다는 말이다.

과거나 환경, 상대방은 바뀌지 않는다. 하지만 자신은 스스로 바꿀 수 있다. 이를 '자기 결정성'이라고 한다.

 "○○ 때문에 이렇게 됐어." 예 "부모님이 잘못 키웠기 때문에 내가 이렇게 된 거야."

 "나는 이것을 할 거야!"

목적론

아들러 심리학을 미래 지향적인 '목적론'의 심리학이라고 한
다. 원인에 집착해 "왜 이렇게 되었을까?" 하고 아무리 고민
해 본들 문제는 해결되지 않는다. 따라서 "어떻게 하면 해결
할 수 있을까?" 하고 미래로 방향을 돌려 건설적으로 생각하
고 도전하는 태도가 중요하다.
인간의 행동에는 다 목적이 있다. 상대방이 무엇 때문에 이런
행동을 하는 것인지, 그 목적을 파악하고 이해해야 한다. 아
들러 심리학에서는 이를 총칭하여 '목적론'이라고 한다.

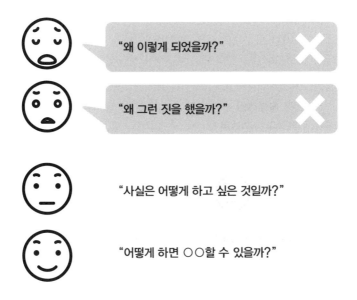

열등감

'자기 결정성'이나 '목적론'과 밀접한 관계에 놓인 것이 '열등감'이다. 타인과 비교하여 자신이 뒤떨어진다고 생각하거나, 자신이 원하는 목표와 현실적인 자신과의 괴리에 직면했을 때에 품게 되는 어두운 감정을 총칭하여 열등감이라고 한다. 비참함, 후회, 부러움, 초조감, 불안, 낙담 등이 열등감에서 파생한다.

그러나 아들러는 열등감을 '건강하고 정상적인 노력과 성장에 대한 자극'이라고 말한다. '자기 결정성', '목적론'의 사고방식을 바탕으로 목표를 향하여 최선을 다해 살아간다면 열등감을 자기편으로 만들 수 있다는 뜻이다.

열등감을 반대로 사용하는 경우도 있다.

열등 콤플렉스

자신의 열등함을 내세우며 인생에서 반드시 수행해야 하는 과제를 회피하려는 것이다.

"어차피 나는 ○○하니까."

우월 콤플렉스

자신의 집안, 인맥, 능력 등을 내세우며 타인에게 우월하게 보이려 하는 것으로, 이 또한 열등감에서 비롯된다.

"나는 명문 ○○ 출신이고, 유명인과도 많은 교류가 있어."

전체론

사람의 정신은 의식과 무의식, 이성과 감정 등 언뜻 대립하는 것이 양분되어 존재하는 것처럼 보인다. 그러나 머리로는 이해해도 마음이 따르지 않는 부분이 있다. 사람의 정신은 본래 분할할 수도 분리할 수도 없고 모두 연결되어 있다고 보는 것이 '전체론'이다.

"알고는 있지만 그만둘 수 없어."
(사실은 그만두고 싶지 않은 것이다.) ✕

"어떤 모습이든 모두 진정한 나 자신이야."

의식
무의식

이성
감정

인지론

인간은 주관적인 세계에 살고 있기 때문에 사물을 있는 그대로 객관적으로 파악하는 것이 불가능하다.
같은 것을 보고 듣고 체험하더라도 사람에 따라 인지하는 방식, 받아들이는 방식이 다르다는 것이 '인지론'이다.

기본적 오류(Basic Mistake)
– 건설적이지 않은 주관적 견해와 의미 부여

- **지나친 일반화** : 한 가지 일이 뜻대로 진행되지 않으면 다른 일도 뜻대로 진행되지 않을 것이라고 생각한다.

  "나는 무엇을 해도 되는 일이 없는 인간이다."

- **과장** : 과장된 표현을 사용한다.

  "모든 사람들이 나를 싫어해."
  "전부 당신 때문이야."
  "너는 늘 지각이야."

- **일방적인 단정** : 사실과 관계없이 혼자 단정 짓는다.

  "너는 당연히 내 의견에 반대할 거야."
  "그 사람은 틀림없이 나를 싫어할 거야."

대인관계론

아들러는 "인간의 모든 행동에는 상대가 존재한다."라고 했다. 사람은 상대에 따라 감정이나 행동을 바꾼다는 것이다. 이를 '대인관계론'이라고 한다.

대인관계론에 따르면, 건전한 사람은 상대를 바꾸기보다는 자신을 바꾸려 하고, 건전하지 않은 사람은 상대를 바꾸려 한다.

수평 관계

수평 관계는 대등한 관계다. 사람은 연령, 지위 등의 수직적 차이는 있더라도 인간으로서는 대등한 존재다. 상대를 조종하는 지배적인 관계, 자신을 비하하거나 상대방을 하위에 자리매김하는 상하 관계는 바람직하지 않다. 대등한 관계를 유지하고 신뢰, 공감, 협력을 토대로 커뮤니케이션을 해야 한다.

대인관계론에서 또 한 가지 중요한 사고방식이 '과제의 분리'
다. 이것은 상대방의 과제인지 자신의 과제인지를 명확하게
인지해서 의사소통 과정에서 상호 간에 쓸데없는 간섭을 하
지 않는 것이다.

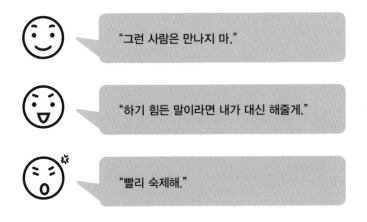

과제의 분리가 이루어지지 않았을 때의 말

"그런 사람은 만나지 마."

"하기 힘든 말이라면 내가 대신 해줄게."

"빨리 숙제해."

문제가 발생했을 때 '어떻게든 처리해야 한다.'는 생각에 사로
잡혀, 상대방이 부탁하지도 않았는데 상대방의 과제에 참견하
거나, 대신 해결하려고 하거나, 자신의 과제인데 상대방 탓으
로 돌리는 현상이 나타난다.

자신의 과제

- 자신이 해결해야 할 업무량이 많다.
- 일이 뜻대로 진행되지 않아 초조하다.
- 친구가 질이 나쁜 사람을 만나고 있는 것 같아서 걱정이다.
- 부하 직원의 일처리 능력이 부족해서 마음에 걸린다. 좀 더 바람직한 방법을 가르쳐주고 싶다.
- 시어머니와 마음이 맞지 않는다.

상대방의 과제

- 동료가 많은 업무량에 난처해하고 있다.
- 아이가 공부를 하지 않는다.
- 부하 직원이 오늘 안에 해야 할 일을 처리하지 못해서 당황하고 있다.
  → 도와달라는 부탁을 듣고 받아들였다면 '공동의 과제'다.
- 상대방의 기분이 우울해보인다.
  → 상대방이 우울한 원인이 자신에게 있는지 고민하고 있다면 '자신의 과제'다.

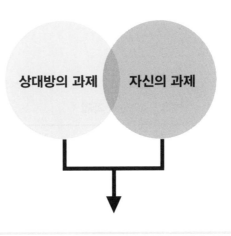

상대방의 과제   자신의 과제

공동의 과제

- 상대방이 자신의 과제에 관하여 상담을 하거나 도움을 요청한 경우
- 공동으로 관여하는 일에서 피해를 입은 경우
  → 단, 너무 깊이 관여하지 말아야 한다. 가능한 일, 불가능한 일 등을 나누어 경계선을 명확하게 한다.

누구의 과제인가 하는 것은, 최종적으로 누가 책임을 지는지를 생각하면 구분할 수 있습니다.

공동체 감각

'공동체 감각'이란 가족, 지역, 직장 등의 공동체에서 자신이 그 일원이라는 의식을 가지는 것이다. 아들러 심리학에서는 공동체 감각을 높이는 것을 중요하게 여긴다. 이것은 정신적인 건강의 기준이기도 하다.

공동체 감각이 있는 사람은 공동체에 속한 사람들과 상호 존중하고, 상대방의 관심사에 공감하며, 적극적으로 공헌하고 협력하려고 한다.

자기 수용

공동체 감각이 있는 사람은 자신의 장점과 단점을 알고 있으며, 있는 그대로의 자신을 인정하고 수용할 수 있다. 이것을 '자기 수용'이라고 한다.

자만과의 차이

자만은 자신의 결점을 보지 못하고 상대보다 우위에 서기 위해 경쟁적인 자세를 취하는 것이다.

Think and Speak

항상 좋은 사람일
필요는 없다

항상 좋은 사람인 것과 진정으로 바람직한 관계를 구축하는 것은 다르다. 진정으로 바람직한 관계는, 서로 하고 싶은 말을 하면서도 편하게 대화를 나눌 수 있는 관계다.

이때 중요한 것은 '다른 사람이 어떻게 생각할까?' 하는 마음은 버리는 것이다.

다른 사람의 생각에 얽매이지 않으면 자신이 하고 싶은 일, 하고 싶은 말이 무엇인지 자연스럽게 알게 된다.

PART 1
인간관계가
원만하지 않은 사람의
10가지 특징

인간관계가 원만하지 않은 사람에게는 크게 10가지 특징이 있다.
당신이나 주변 사람들에게도 해당하는 것이 있을까?

01.
자기도 모르게
부정적 사고를 하게 된다

인간관계에서 나쁜 결과만 예측하고, "이렇게 되면 어떻게 하지?", "불가능한 것은 아닐까?" 하는 생각에 사로잡혀 있다. 심지어 뭔가 좋은 일이 있을 때에도 "이 일이 지속될 수 있을까?" 하는 등 계속 부정적으로 사고한다.

02.
자기도 모르게
다른 사람과 비교한다

"그 사람보다는 내가 더 뛰어나."

"그 사람은 당해낼 수 없어."

이런 식으로 다른 사람을 기준 삼아 비교하며 자신에 대해 평가한다.

03.
다른 사람의 말을
경청하지 못한다

- 다른 사람의 말을 가로막는다.
- 끝까지 듣지 않는다.
- 자신과 다른 의견에는 귀를 기울이지 않는다.

흔히 있는 경우다. 다른 사람의 말을 들을 때의 태도가 상대방에게 어떤 영향을 끼치는지 모르는 경우라고 할 수 있다.

04.
분노를 통해서
사람을 조종하려 한다

분노를 표출해서 사람을 지배하려는 타입이다.

일부러 말을 거칠게 하거나, 상대방의 말을 무조건 부정하면
서 상대방을 자기 마음대로 조종하려고 한다.

이런 방법으로 그 자리에서는 자신의 뜻을 관철시킬 수 있을
지 모르지만, 그 뒤의 인간관계는 바람직한 방향으로 흐르지
않는다.

05.
부럽다는 말을
자주 한다

"○○ 씨는 좋겠다. 나는 이것밖에 안 되는데······." 하는 식으로 자신의 부족한 점을 굳이 말하는 타입이다. 이런 말을 되풀이하면 상대방도 쓸데없이 이쪽의 기분에 신경을 쓰게 된다.

> 자신의 부족한 점을 내세우는 것은, 인생에서 책임지고 해결해야 할 문제를 회피하려는 것과 같습니다.

06.
'하지만', '그래도', '어차피'가 말버릇이다

다른 사람은 물론이고 자기 자신도 믿지 못하는 경우다. 변하고 싶지 않다는 심리적 표현이기도 하다.

상대방의 의견을 순수하게 받아들이지 않기 때문에 결국에는 어떠한 충고나 조언도 들을 수 없게 된다.

07.
자신과 생각이 다른 사람을 거부한다

자신이 옳다고 믿고, 자신의 가치관을 기준으로 모든 것을 판단한다. 자신과 다른 가치관을 가진 사람은 악으로 간주하고, 뜻대로 되지 않는 일은 다른 사람 탓으로 돌린다.

자신과 가치관이 정확하게 맞아떨어지는 사람은 거의 없기 때문에 이런 사고방식을 바꾸지 않는 한 대인관계를 원만하게 유지하기는 어렵다.

08.
문제 행동으로
주목 받으려 한다

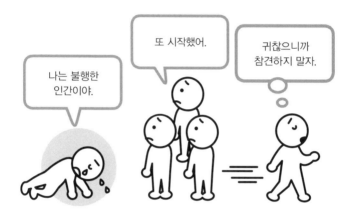

마음의 중심이 자신이 아닌 다른 사람에게 향해 있는 상태다.
자신감이 없기 때문에 문제 행동을 하여 다른 사람의 주목을
받으려 한다. 상대방을 피곤하게 만들기 때문에 결과적으로
건강한 인간관계를 구축하기 어렵다.

09.
커뮤니케이션을
승부라고 생각한다

상대방의 의견을 따르게 되거나 자신의 의견이 통하지 않으면 패배한 것이라고 생각한다. 대화를 통해서 문제를 해결한다는 본래의 목적을 잃은 상태다. 승패만을 따지는 수직적 커뮤니케이션을 지속하는 한 이런 경향은 개선하기 어렵다.

10.
잘못을 인정하지
않는다

꾸지람을 듣거나 잘못을 지적당하면 즉시 변명을 하거나 상
대방을 나쁘게 평가한다. 지적을 당하면 자신이 부정당했다
고 생각한다. 이런 사람의 마음속에는 열등감이 잠재되어 있
다. 그러나 두려움 때문에 그것을 직시하지 않는다.

열등감 때문에 상대방에게 반격을 해서
자신을 지키려 합니다.

Think and Speak

열등감을 성장의 씨앗으로 받아들이자

아들러는 "모든 사람은 열등감을 가지고 있으며, 그로 인해 성공과 우월성을 추구한다. 이것이 우리의 정신생활을 구성하는 것이다."라고 했다. 열등감을 '건강하고 정상적인 노력과 성장을 위한 자극'이라고 본 것이다.

1. 열등감은 보다 나은 삶을 살기 위해 목표를 세우고 노력할 때에 수반되는 감정이다.
2. 열등감은 당신의 소중한 친구다. 당신이 오늘을 되돌아보면 열등감 덕분에 성장한 부분이 분명히 존재할 것이다.

—이와이 도시노리

열등감을 느낀다면 그만큼 성장할 수 있다.
자신을 원망하거나 비굴해지는 대신 '그렇다면 어떻게 해야 좋을까?'를 생각해야 한다.

PART 2
인간관계가
원만한 사람의
18가지 특징

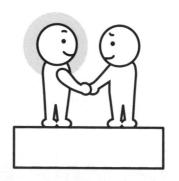

어떤 사람을 상대하더라도 늘 원만한 관계를 유지하는 사람이 있다.
커뮤니케이션을 잘하는 사람에게는 어떤 특징이 있을까?

01.
문제를 건설적으로
생각할 수 있다

**당신이
이렇게 할 수
있다면**
상대방이나 자신을 원망하지 않고
문제를 해결할 수 있다.

문제가 발생했을 때 바람직하게 해결하려면 어떻게 해야 좋을지 생각한다. 이것이 건설적인 사고방식이다. 이렇게 할 수 있으면 '단점 지적'이 아니라 '문제 해결'에 초점을 두고 상대방에게 뜻을 전달할 수 있다.

상대방과의 문제를 건설적으로 생각하려면 마주 보고 대화하기보다
나란히 앉아 같은 방향을 바라보아야 한다.

02.
자신과 타인이 다르다는
사실을 인정한다

당신이 이렇게 할 수 있다면 불편한 상대가 줄어든다.

사람에게는 'OO해야 한다'는 식의 가치관이 있고, '보통은 이렇게 한다', '이것은 당연하다'는 생각이 있다. 인간관계가 원만한 사람은 자신과 타인의 차이를 찾기보다는 서로를 이해하고 각자의 생각을 인정하는 데에 더 신경을 쓴다.

'자신에게는 진실이더라도 모든 사람에게 진실인 것은 아니다.'는 사실을 이해하면 더욱 유연한 관계를 구축할 수 있습니다.

03.
상대방의 감정에
휘둘리지 않는다

마찰이 줄어든다.

분노는 감정 중에서도 에너지가 강하기 때문에 냉정해질 수 없는 경우가 많다.

하지만 커뮤니케이션이 능숙한 사람은 자신의 분노는 물론, 상대방의 분노에도 휘둘리지 않는다.

상대방이 아무리 감정적인 모습을 보여도 하고 싶은 말을 냉정하게 전달할 수 있으면 감정적인 마찰이나 뒷맛이 씁쓸한 결말은 피할 수 있다.

One Point Advice

사람에게 꼬리표를
붙이지 않으면 편해진다

어떤 현상이나 사람에게 꼬리표letter를 붙여 일을 거대하게 부풀려 받아들이거나 나무라는 것들을 아들러 심리학에서는 '기본적 오류Basic Mistake'라고 한다. "그 사람은 ○○이니까.", "그 사람은 원래 그러니까.", "모두들 그렇게 생각할 거야."라는 말들이 여기에 해당한다.

한번 꼬리표를 붙이면 거기에만 얽매여 사실을 객관적으로 받아들이기 어렵다.
인간관계를 원만하게 구축하는 사람은 과장되게 받아들이지 않고 사실을 정확하게 포착할 줄 안다. 상대방에 대한 이미지를 단정하기보다 객관적인 사실을 보는 습관을 갖추어야 한다.

아들러는 "정도의 차이가 있을 뿐 사람은 누구나 편향적 견해를 가지고 있다."고 말합니다.

04.
신뢰감을 바탕으로
상대방을 대한다

상대방에게 마음을 전하는
대화를 할 수 있다.

누군가를 꾸짖거나 의견을 전하면서 마음속으로 '어차피 똑
같이 되풀이할 거야.'라는 생각으로 상대를 대하면 말로는 표
현하지 않더라도 그 감정이 상대방에게 전달된다.

커뮤니케이션이 원만한 사람은 '이해해 줄 것'이라는 신뢰감
을 바탕으로 개선해 주기를 바라는 마음을 상대방에게 전한
다. 그렇게 하면 상대방에게 자신의 마음을 전하기 쉽다.

05.
자기 자신을
믿는다

**당신이
이렇게 할 수
있다면**   상대방과 신뢰 관계를
구축할 수 있다.

자신에게 결점이 있거나 능력적으로 뒤떨어진 부분이 있다
고 해서 인간으로서의 가치가 내려가는 것은 아니다. 콤플렉
스는 누구나 가지고 있다. 오히려 그것을 인정하고 활용할 줄
알면 다른 사람으로부터 신뢰를 얻을 수 있다.

06.
상대방의 실수나 무능력도
수용할 수 있다

다음 단계로 성장할 수 있다.

상대방이 실패를 하면 자기도 모르게 "왜 실패한 거야?", "왜 제대로 못 한 거야?"라고 말하기 쉽다.

인간관계를 원만하게 구축하는 사람은 "그럼 이제 어떻게 하면 좋을까?"라고 말한다. 상대방의 실패를 일단 있는 그대로 수용하고 그 후에 어떻게 할지 냉정하게 의논하는 것이다. 이런 사람은 자연스럽게 상대방의 신뢰를 얻을 수 있다.

07.
자신에 대한 지적을
순수하게 받아들인다

**당신이
이렇게 할 수
있다면**   주변에 적이 줄어든다.

다른 사람에게 주의나 지적을 받았을 때, 상대방이 자신을 부정한다고 받아들이는 경우가 있다. 하지만 인간관계를 원만하게 구축하는 사람은 그렇지 않다는 사실을 잘 알기 때문에 다른 사람에게 지적을 받아도 순수하게 인정할 수 있다.

충고를 들었을 때 상대가 무엇을 지적하고 있는 것인지, 어떤 점을 개선해 주기를 바라는지 '사건', '문제' 쪽으로 초점을 맞추면 있는 그대로 받아들이기 쉽다.

오해나 착각일 수도 있지만 그럴 때에도 일단 상대의 지적을 받아들인 다음에 사정을 설명합니다.

08.
상대방의 말을
경청한다

상대방이 호감을 가지게 되고
내 쪽의 이야기도 흔쾌히 들어준다.

상대방의 말을 경청하는 태도는 바람직한 인간관계를 구축하는 데에 필수적인 요소다. 말을 잘 경청하면 상대방과의 거리도 부쩍 가까워진다.

그렇지.

그래서?

09.
신뢰를 형성한 뒤에
상대방의 문제를 지적한다

**당신이
이렇게 할 수
있다면**   충고를 받아들이기 쉽다.

평소에 상대방의 이야기를 잘 들어주고 이해해 주는 사람에게서 지적을 받는다면 있는 그대로 받아들일 수 있다. 그러나 그렇지 않은 사람이 지적을 하거나 충고를 하면 설사 그것이 옳다고 해도 화가 난다.

우리는 '누구에게 충고를 듣는가'를 중시하는 경향이 있다.

주위의 신뢰가 두터운 사람은 인사성이 밝고, 상대방이 의논하고 싶어 하는 일에 자신의 일처럼 관심을 보인다. 상대방이 편하게 생각할 수 있는 행동을 함으로써 자연스럽게 신뢰를 형성하는 것이다.

자신의 이야기를 들어주기를 바란다면 먼저 상대방의 이야기를 경청해야 합니다.

10.
상대방을 조종하지 않고
자신이 바뀌려 한다

결과적으로 상대방도
자연스럽게 바뀐다.

누군가를 조종하려고 하면 상대방은 당연히 저항을 하고, 두 사람의 관계는 틀어진다. 커뮤니케이션에 능숙한 사람은 우선 자신이 바뀌려 한다. 자신이 바뀌면 자연스럽게 상대방과의 관계도 변하는데, 상대방도 바람직한 관계를 위해 노력하기 때문이다.

11.
수평 관계에서
커뮤니케이션을 한다

**당신이
이렇게 할 수
있다면**

서로를 존중하는 대화를
할 수 있다.

수직 관계에서는 상대방을 조종하려 하거나 자신의 의견을
강요하는 행동을 취하기 쉽다. 그러나 수평 관계라면 서로의
생각을 존중하면서 대등하게 대화를 나눌 수 있다.

수직 관계

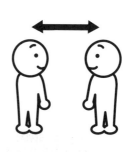

수평 관계

12.
상대방에 따라
전달 방법을 바꾼다

상대방에게 자신의 뜻을
잘 전달할 수 있다.

대화가 원만하게 진행되지 않으면 "○○ 씨의 말투는 정말 마음에 안 들어.", "대화를 할 때 ○○ 씨의 태도가 기분 나빠."라는 식으로 상대방의 자세를 비난하는 사람이 있다.

상대방의 태도나 말투는 내 맘대로 할 수 있는 것이 아니다.

하지만 자신의 태도나 말투를 바꾸면 결과적으로 상대방이 받아들이는 방식이나 대화의 자세도 바뀐다.

상대방 탓으로 돌려서는
아무것도 바뀌지 않습니
다. 자신을 먼저 바꾸는
게 중요합니다.

낙관적인 태도는
신뢰 관계에 도움이 된다

어떤 과제에 직면했을 때, 자신의 능력을 믿고 해결하려는 사람은 옆에서 보고 있기만 해도 기분이 좋다.

✗ 낙천주의 어떻게든 될 것이라고 안일하게 받아들인다.

낙천주의자는 어떤 과제에 직면했을 때, "어떻게든 되겠지." 하고 그냥 안일하게 받아들이는 식으로 현실을 도피한다. 이런 타입에 해당하는 사람은 표면적으로 '상대하기 편하다'는 인상을 주지만 깊은 신뢰 관계를 구축하거나 중요한 기회에 일을 맡게 되는 경우는 거의 없다.

⭕ 낙관주의 힘들기는 하지만 긍정적으로 해석한다.

낙관주의는 위기에 몰렸을 때에도 "나라면 이 문제를 충분히 해결할 수 있다."고 자신을 믿고 도전하는 자세를 가리킨다. 이런 타입에 해당하는 사람은 한 단계, 한 단계 일을 처리해 나가기 때문에 다음 단계의 일을 맡기도 하고 사람들과 깊은 신뢰 관계를 구축할 수도 있다.

13.
자신을
과장하지 않는다

상대방이 안심한다.

바람직한 인간관계를 구축하는 사람은 상대방에게 있는 그대로의 자신을 보여준다. 자신을 과장하면 아무리 긴 시간이 지나도 상대방과 대등한 관계를 구축할 수 없다.

있는 그대로의 모습으로 사람을 대하면 과장하거나 거짓말을 할 필요 없이 편안하고 기분 좋은 인간관계가 구축되기 때문에 상대방도 안심하게 되고 진정한 신뢰 관계가 형성된다.

14.
공동체에 공헌하고
있음을 느낀다

**당신이
이렇게 할 수
있다면** 좀 더 강한 자신감이 갖추어진다.

스스로를 공동체에 유익한 존재라 여기는 '공헌감'이 있으면
자신의 위치를 명확히 알 수 있다. 그 위치에서 최선을 다하
는 것은 진정한 자신감으로도 연결된다.
'공헌감'은 자신이 세상에 도움이 되는 사람이다, 자신의 도움
을 기다리는 사람이 있다고 믿는 것이다.
아들러 심리학에서는 공헌감이 사람으로 살아가는 데 매우
중요한 의미를 가지고 있으며, 자신감이나 행복과 깊이 연결
된다고 말한다.

15.
거절의 경계선이
명확하다

당신이 이렇게 할 수 있다면	있는 그대로의 자신으로 다른 사람을 대할 수 있다.

서로가 'NO'라고 말할 수 있는 관계가 정말로 바람직한 관계다. 모든 사람과 바람직한 관계를 구축한다는 것은 무조건 상대방이 원하는 대로 행동한다는 의미가 아니다. 무엇이 'NO'이고, 무엇이 'YES'인지 스스로의 마음을 잘 알고, 상대방에게 정확하게 전한다면 바람직한 인간관계를 구축할 수 있다.

16.
다른 사람의 문제에
함부로 간섭하지 않는다

**당신이
이렇게 할 수
있다면**

상대방이 과하게
의존하지 않는다.

다른 사람의 문제에 간섭을 하는 사람은 두 가지 유형이다.
쓸데없이 나서서 간섭을 하고 자기주장을 내세워 충고를 하
는 사람과, 상대방이 자신에게 의존하고 있기 때문에 어쩔 수
없이 간섭을 하는 사람이다.

스트레스가 없는 인간관계를 구축하는 사람은 상대방의 문
제는 상대방이 해결해야 한다는 사실을 잘 알고 있다. 문제가
생겨서 곤란한 입장에 놓여 있는 사람은 자신이 아니라 상대
방이기 때문이다.
따라서 누군가에게 조언을 할 때에는 최종 결단을 내리는 사
람, 조언이나 충고를 실천하는 사람이 상대방이라는 사실을
확실하게 인식해야 한다.

17.
감사하는 마음을
아낌없이 표현한다

많은 사람들의
협력을 얻을 수 있다.

감사는 말로 표현하지 않으면 전달되지 않는다. 계속해서 성공을 거두는 사람은 주변에 대한 감사를 잊지 않는다.

감사하는 마음을 아낌없이 표현하면 시간이 흐를수록 협력자들이 늘어난다.

"고마워.", "네 덕분이야."
이런 말들이 상대방에게
용기를 심어줍니다.

18.
다른 사람을 기쁘게
해주기 위해 신경을 쓴다

**당신이
이렇게 할 수
있다면**
주변에 좋은 사람들이
모여든다.

자연스럽게 주변에 좋은 사람들이 모여드는 사람은 고맙다는
말을 기대하지 않고 순수하게 헌신하는 사람이다.

자신의 감정을 억제하고 상대방을 배려하는 관계는 자기희생
으로 흐르기 쉽지만, 자신도 기분 좋은 상태에서 상대방을 기
쁘게 할 수 있으면 호감을 얻는 사람이 되어 인간관계를 원만
하게 유지할 수 있다.

Think and Speak

분노도
중요한 감정이다

분노도 필요한 감정이며, 인간에게는 자연스러운 감정이다.
분노나 슬픔, 후회를 억누르면 마음에 응어리가 생기고, 그것
이 한계에 이르면 크게 폭발하는 경우도 있다.
인간관계에서 스트레스를 받지 않으려면 자신의 솔직한 감정
을 무시하지 말아야 한다.

감정 그 자체에는 좋고 나쁜 것이 없다. 분노 등의 음성적인
감정이 끓어오른다고 해서 자신을 책망해서는 안 된다.
분노를 느낀 이후에도 자신을 적절하게 컨트롤할 수 있게 되
면 훨씬 편하게 살 수 있다.

PART 3
상대에게 믿음을 주는 8가지 경청 방법

"불편한 사람을 만나도 당당하게 말할 수 있으면 좋겠다."
"어떤 사람일지라도 부담 없이 상대할 수 있는 사람이 되고 싶다."
이렇게 생각할 때 가장 바람직한 길은 듣는 방식을 바꾸는 것이다.

01.
공감하면서
듣는다

공감하면서 듣는 것은 무조건 "맞는 말입니다."라고 맞장구를
치는 것이 아니라 "○○라고 생각하는 것이지요?" 하고 마음
으로 받아들이는 것이다. 이는 상대방과의 심리적 거리를 훨
씬 가깝게 한다.

"말씀은 이해하겠습니다만……."

"그렇기는 합니다만……."

"하지만……."

"그렇습니까?"(남의 일이라는 듯한 반응)

"○○라고 생각하는 것이지요?"

"○○하고 싶은 것이군요."

"○○라고 느끼는 것이지요?"

POINT
- 상대방의 말을 듣고 같은 말을 사용해
  서 공감하면 상대방은 "이 사람은 내
  말을 이해하는구나." 하고 생각한다.
- 상대방이 말한 내용 중에서 그 사람의
  '기분'과 '바람'에 주목하는 게 좋다.

02.
흥미를 가지고
듣는다

사람은 누구나 자신의 이야기를 들어주기를 바란다. 자신의
이야기에 흥미를 보이며 기분 좋게 들어주면 호감을 느낀다.

"그건 왜 그렇게 된 것이지요?"

"그거 재미있네요!"

"그래서 어떻게 되었습니까?"

POINT

말뿐 아니라 상대방이 이야
기한 내용이나 몸짓에 맞추
어 반응을 보이면 호감도는
훨씬 더 올라간다.

한 단계 업그레이드 된 반응

"다음 주말에 콘서트에 가!"

"정말 신나겠다!"

"그 남자 집에 처음으로 인사를
 가게 되었어."

"우아! 진짜 설레겠다!"

POINT

상대방의 기분을 생각하면
서 반응하면 상대방이 이야
기하기 훨씬 편해진다.

03.
몸 전체로
듣는다

사람은 자신의 이야기를 들어주는 사람에게 호감을 느낀다. 진지하게 듣고 있는지를 판단하는 것은 이야기를 하는 쪽이다. 다소 과장되게 여길 정도로 동작이 큰 반응을 보여 몸 전체로 '듣고 있다'는 느낌을 확실하게 전하자.

상체를 앞으로 기울인다.

고개를 끄덕인다.

메모를 한다.

눈을 맞춘다.

이야기의 내용 또는
상대방의 표정에
자신의 표정도 맞춘다.

몸을
상대 쪽으로
향한다.

손을 멈추고 듣는다.
일을 지속하면서 들으면
안 된다.

다리를
꼬고 앉는다.

팔짱을 낀다.

등받이에 깊숙이 상체를
묻고 앉는다.

침착하지 않은 태도
· 다리를 떤다.
· 펜을 돌리거나 딱딱 소리를
  낸다.

눈을 맞추지
않는다.

몸을 상대 쪽으로
향하지 않는다.

팔꿈치로
탁자를 짚는다.

04.
일방적으로
이야기하지 않는다

"대화는 듣는 사람이 주도권을 쥐고 있다."는 말이 있다. 상대방의 이야기를 어떻게 듣는가 하는 것은 인간관계를 극적으로 바꾸는 비결이기도 하다.

상대방의 이야기를 재촉하는 말

"○○ 씨는 어땠어요?"

"○○ 씨는 어떻게 생각해요?"

"○○ 씨라면 어떻게 하겠어요?"

POINT
자신이 이야기를 할 때 한 문장이 끝나면 한 호흡 정도 틈을 둔다. 이것은 상대방이 당신의 이야기를 이해하기 위한 '시간'이다. 그리고 가끔씩 "○○ 씨는 어떻게 생각해요?"라고 질문을 하면 서로 만족스런 대화를 할 수 있다.

05.
상대방의 말을 함부로
정리하지 않고 끝까지 듣는다

상대방의 말을 끝까지 듣지 않으면 상대방은 "빨리 다른 화제로 옮겨가고 싶나 보다."라고 받아들인다. 상대방의 말을 중간에 끊거나 정리하지 말고 끝까지 듣는 태도를 갖추자.

"그 말은 다시 말하면 ○○라는 뜻이지요?"

"○○라는 말을 하고 싶은 것이지요?"

"네, 네, 결국 ○○라는 것이잖아요."

끝까지 듣고 크게 고개를 끄덕인다.
이야기를 정리하기 전에 "확인을 해도
되겠습니까?"라고 묻는다.

"네, 네."라고 두세 번씩 되풀이하는 대답은 상대방을 불쾌하게 만들기 쉽습니다.

79

06.
호감을 얻는 맞장구,
반감을 사는 맞장구

호감을 얻는 맞장구란 상대방이 말하기 편하다는 느낌을 받고, 이야기의 내용에도 맞고, 마음을 담은 맞장구를 가리킨다.

"네, 네."

"그럴 리가요."

"정말이요?"

"그렇군요."

이런 식으로 똑같은 맞장구를 되풀이한다.

POINT
"그렇습니까?", "네, 네." 등의 단조로운 맞장구를 되풀이하는 것은 대화가 단절되는 원인으로 작용한다. 상대방에게 "내 말을 제대로 듣고 있지 않아."라는 인상을 심어주어 역효과를 낳기 때문이다.

◯

"○○이군요." (상대방의 말을 되풀이한다.)

"그거 잘됐네요!"

"오, 그건 처음 듣는 말인데요."

"이런, 큰일이군요."

"가슴이 아픕니다."

"걱정되시겠어요."

호감을 주는 두 종류의 맞장구

➡ **사실 피드백**
중요한 포인트를 되풀이한다(복창, 확인).
상대방에게 "내 말을 놓치지 않고 정확하게 듣고 있구나." 하는 신뢰감
을 심어준다.

➡ **감정 피드백**
상대방의 감정을 듣는 사람의 입장에서 호응해 준다. 상대방에게 "내
마음을 이해해 주고 있구나." 하는 친근감을 심어준다.

◯

"기분 좋으시겠어요."

"그거 잘됐네요."

"저도 그렇게 생각합니다."

07.
상대방을 이해한다는
마음을 담아 질문한다

원인을 추궁하는 듯한 말투로 질문하면 상대방을 위축시키지만 이해하고 싶다는 마음을 담아 질문을 하면 즐겁게 대화를 이어나갈 수 있다.

"○○하지 않아 ○○할 수 없었던 것 아닌가요?"

"○○는 언제 할 거예요?"

"그래서요?"

"왜 ○○하는데요?"

"그걸 왜 몰라요?"

이런 질문은 상대방을 추궁하는 듯한 분위기를 만들기 때문에 주의해야 합니다.

O

"그래서 어떻게 됐어요?"

"당신은 어떻게 생각하는데요?"

"○○라는 게 어떤 거예요?"

"어째서 그런 것인지 궁금하네요."

"그렇게 생각하게 된 이유를 말해줄 수 있나요?"

"그건 어떤 느낌이었어요?"

"즉, ○○라는 말씀이지요?"

"그게 언제 있었던 이야기인가요?"

"좀 더 자세히 듣고 싶어요."

POINT
- 말을 하는 사람과 듣는 사람이 같은 이 미지를 그릴 수 있는 질문을 해야 한다.
- 주제에 관해서 구체적으로 깊이 새겨듣 는 것이 핵심이다.

08.
상대방의 주관에
끌려가지 않고 듣는다

"○○ 씨는 나를 싫어합니다.", "그 사람은 늘 ○○해요."라는
상대방의 말을 객관적인 진실처럼 받아들이면 사실을 오해하
는 경우도 발생한다. 이는 일에서든 일상생활에서든 흔히 접할
수 있는 상황으로, 인간관계가 무너지는 계기로 작용한다. 따
라서 상대방의 주관과 사실을 구분하는 습관을 갖추어야 한다.

상대방의 주관적인 이야기를 지속시키는 말

"정말 나쁜 사람이군요."

"당연히 화가 나겠네요."

"그래요. 그런 사람도 있어요."

POINT
상대방이 한 차례 말을 끝냈을 때 이런 식으로 동조를 하면, "그렇죠!" 하고
마무리했던 이야기를 다시 꺼낼 수 있으니 주의해야 한다.

O

"그랬군요."라고 일단 받아들인 뒤에 다음과 같이 질문하는
게 좋다.

"○○ 씨가 당신을 싫어한다고 직접 말했나요?"
"그렇게 생각하는 이유를 말해줄 수 있을까요?"
"항상 ○○한다는 말은 매번 그렇다는 말인가요?"
"매번 그런 행동을 한다는 말인가요?"

힐문하는 듯한 말투가 되지
않도록 주의한다.

Think and Speak

상대방의 마음속 1차 감정도 이해한다

상대방이 화를 낼 때는 그 마음속에 존재하는 '1차 감정'도 이해해 보자. 1차 감정은 '슬픔', '곤혹', '불안', '초조', '외로움', '걱정' 등이다. 거기에 비하여 '분노'는 2차 감정에 해당한다. 이 분노의 저변에 1차 감정이 깃들어 있다(오른쪽 그림 참조). 즉, 1차 감정이 충족되지 않았을 때 분노라는 감정이 끓어오르는 것이다.

상대방의 분노를 가라앉히기 위해 사과하거나 "그럼 이렇게 하자!"고 해결 방법을 제안하기 전에 상대방의 마음속에 존재하는 감정으로 눈길을 돌려 "힘들었겠구나." 하는 공감을 하지 않으면 진정한 해결이 어려운 경우도 있다.
이러한 심정적 이해가 없으면 상대방은 "당신은 아무것도 몰라!" 하고 반발하게 된다. 하지만 상대방의 마음을 이해하면 상대방은 "나를 이해해 주는 사람이야!"라고 여기며 나에 대해 신뢰감을 가진다.

분노는 2차 감정

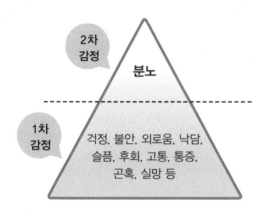

'분노'의 저변에 있는 1차 감정을 이해해야 한다. 이 1차 감정이 충족되지 않았을 때 '분노'라는 2차 감정만을 드러내며 대응하는 경우가 있다.

상대방의 1차 감정을 받아들이는 말

"그거 힘들었겠다."

"정말 난처하겠네."

"얼마나 걱정했는데……."

"외로웠겠구나."

"얼마나 마음이 아팠을까……."

"생각했던 것보다 훨씬 당황스러웠겠다."

집안일을 하지 않는 남편과 화를 내는 아내의 대화

아내 : 당신은 도대체 집안일을 하는 법이 없어! 나도 일 때문에 바빠서 청소하는 건 정말 힘들어! 내가 얼마나 힘들어하는지 알기나 해?

남편 : 청소가 그렇게 힘들면 로봇청소기라도 사면 되잖아.

아내 : 로봇청소기를 사자는 말이 아니잖아! 정말 말귀를 못 알아듣네!

아내의 마음을 전혀 이해하지 않고 즉각적인 해결 방법을 제시해서는 안 된다.

O

아내 : 청소 좀 하면 안 되겠어? 지금 나도 바쁜 시기라서 매일 청소하고 집안일하는 건 정말 힘들어. 주말에 청소를 같이 하면 큰 힘이 될 텐데.

남편 : 그래, 매일 정말 힘들겠다. 주말에는 가능하면 나도 같이 할게. 그리고 우리 로봇청소기라도 하나 구입하는 게 어떨까?

우선 아내의 마음에 공감을 한다.
그러고 나서 해결 방법을 제시한다.

상대방이 끝까지 공격적이라면

상대방의 분노가 가라앉지 않을 때에는 끈기 있게 호응한다. 다가가는 자세, 사과하는 자세를 유지하면서 대응하면 상대방의 분노가 가라앉는다.

아내 : 당신은 도대체 집안일을 하는 법이 없어! 나도 일 때문에 바빠서 청소하는 건 정말 힘들어! 내가 얼마나 힘들어하는지 알기나 해?

남편 : 그래. 일도 바쁜데 매일 청소를 해야 하니 정말 힘들겠다.

아내 : 당연하지. 당신은 회사에서 늘 늦게 돌아오고 휴일에도 전혀 집안일을 안 하잖아!

남편 : 미안해. 일이 많아서 퇴근은 어쩔 수 없지만 휴일에는 나도 청소를 할게.

아내 : 정말이야? 약속할 수 있어?

남편 : 응. 이번 주말부터 당장 실천할게. 그리고 청소가 힘이 들면 로봇청소기 하나 구입하는 건 어때? 조금이라도 부담이 줄지 않겠어?

PART 4

상대에게
마음을 전할 수 있는
9가지 대화 방법

"상대방에게 내 마음이 잘 전달되었을까?"
마음을 전할 때에는 이 부분을 간과할 수 없다.
따라서 상대방이 이쪽의 마음을 받아들이기 쉽게
말하는 방법을 연구해야 한다.

01.
단점을 지적하기보다
장점을 드러낸다

단점을 지적하는 말은 하면서 장점을 드러내는 말은 하지 않는 등, 사람은 완전한 부분보다는 불완전한 부분으로 눈길을 주기 쉽다.

하지만 단점을 지적하는 말은 인간관계를 원만하게 구축하는 데 방해가 된다. 다른 사람과 비교하지 않고 그 사람이 가진 장점, 노력하고 있는 부분을 이야기해주는 습관을 갖추면 자연스럽게 그 주변으로 사람들이 모인다.

장점을 도출하는 과정

1. 상대방의 장점을 가능하면 구체적으로 적어본다.

글로 적어보면 생각했던 것보다 많은 장점이 있다는 사실을 알게 된다.

상대방을 대면한 상태에서는 즉시 떠오르지 않을 수도 있기 때문에 미리 생각해 둔다.

2. 그 사람의 내면이나 외모의 장점, 또는 노력하는 부분 등을 적절한 타이밍을 이용해서 이야기한다.

내면적인 부분은 밝은 목소리로 인사를 한다거나 출퇴근 시간 등을 정확하게 지킨다는 식으로 당연하다고 여길 수 있는 부분에서 찾아보는 것도 좋다.

외모적인 부분은 양복, 넥타이 등 입고 있는 옷이 잘 어울리는지, 바뀐 곳은 없는지에 주목한다.

예 아침에 부하 직원 A씨가 밝은 목소리로 인사했을 때

"안녕하세요!"

"안녕! A씨는 인사를 할 때 목소리에 정말 힘이 넘쳐. 덕분에 나도 힘이 솟는 것 같아."

예 상대가 청소하는 모습을 봤을 때

"청소하는 거야? 정말 고마워. 늘 이렇게 신경을 써서 청소를 해준 덕분에 사무실이 정말 깨끗해."

02.
칭찬을 하기보다
용기를 심어준다

우리는 무슨 일이 있으면 상대방을 칭찬하려 한다. 그러나 아들러 심리학에서는 '용기 부여'라는 사고방식이 존재한다.

'칭찬'과 '용기 부여'는 의미가 다르다.

칭찬은 수직 관계에서 높은 위치에 있는 사람이 건네는 말이고, 용기 부여는 수평 관계에서 눈높이가 맞는 사람이 건네는 말이다.

진정한 신뢰 관계를 구축하고 싶다면 수평 관계의 눈높이에서 상대방을 대하는 것이 효과적이다.

- 상대방이 이쪽에서 기대하고 있는 일을 달성했을 때 상을 수여하는 듯한 태도
- 상하 관계, 수직 관계
- 평가를 하는 듯한 태도

→ 칭찬을 해주지 않으면 스스로 움직이는 대신 칭찬을 의식하며 상대방에게 의존하게 된다.

용기 부여

- 상대방이 무엇인가를 달성했을 때뿐 아니라 실패했을 때에도 적절하게 실행하는 대응 방법
- 대등한 관계, 수평 관계
- 상대방의 장점에 주목하고, 결과뿐 아니라 과정도 중시한다.
- 실패했을 때에도 있는 그대로 수용하고 감사의 마음을 전한다.

→ 스스로 움직이게 된다.

용기 부여는 곤란한 상황을 극복할 수 있는 활력을 불어넣어준다. 상대방이 기분 좋은 상태일 때에는 더욱 강한 의욕을 주고 침울해 있을 때에는 다시 시도할 에너지를 준다. 그 결과, 상대방이 스스로 용기를 갖출 수 있게 된다.

칭찬하는 말

"잘했어."

"잘 마무리했어."

"○○하다니 대단한데."

"○○를 처리했다니 역시!"

"그럴 줄 알았어. 대단해."

"그것 봐! 노력하면 할 수 있잖아!"

"훌륭한 결과야."

"정말 멋지게 해결했는데."

"앞으로도 이런 식으로 파이팅하길!"

칭찬이 상대방에게 압박
감으로 작용하는 경우도
있습니다.

용기를 주는 말

○

"○○ 씨의 노력이 결실을 거두게 되어서 나도 기뻐."

"○○해 주어서 정말 고마워. 큰 도움이 되었어."(공헌에 주목)

"이렇게 잘 처리하다니, 좋네."(공감)

"○○ 씨, ○○하려고 노력하고 있다면서? 나도 응원할게!"

"이런 결과가 나온 것은 ○○ 씨가 이번 일에 최선을 다했기 때문일 거야."

"○○ 씨가 힘들게 노력해 준 덕분이야. 정말 고마워."

실패를 있는 그대로 받아들이는 자세

"이번 일은 유감이야. 그건 그렇고 앞으로는 어떻게 하면 좋을까?"
"그래도 열심히 노력했잖아. 힘내자고."(결과뿐 아니라 과정에도 주목)
"매일 열심히 노력한 거 다 알아. 혹시 도움이 필요하면 말해. 최선을 다해 도와줄게."

03.
'나'를 주어로 해서
의견을 전달한다

의견이나 마음을 전할 때에는 '나'를 주어로 해서 말한다. 상대
방을 주어로 해서 말하면 꾸짖는 듯한 인상을 심어주기 쉽다.
'나'를 주어로 하면 생각이나 전하고 싶은 내용을 직접적으로
전달할 수 있다.

❌ "당신이 ○○를 해주면 모두에게 큰 도움이 될 거야."

⭕ "나는 당신에게 ○○를 부탁하고 싶어. 그 이유는……."

❌ "당신은 왜 부탁한 대로 하지 않는 거야?"

⭕ "나는 ○○ 씨가 ○○ 좀 해주기를 바라. 왜냐하면……."

One Point Advice

가까운 사람일수록 고마움을
분명하게 전한다

쑥스럽다는 생각 때문에 가까운 사람에게는 감사하는 마음을 분명하게 전하지 않는 경우가 있다. 하지만 그것은 잘못이다. '고맙다'는 단 한마디의 말을 첨가하는 것만으로 상대방에게 용기를 심어줄 수 있기 때문이다.

예를 들어, 아내가 평소보다 더 많은 시간을 할애해서 집을 청소하고 있을 때, 남편이 "어? 오늘 손님이라도 오는 거야?"라고 말을 건네는 것보다는 "오늘따라 집이 정말 깨끗하다! 환한 느낌이야. 고생했어. 고마워."라고 말하는 쪽이 훨씬 더 아내를 기쁘게 만든다.

말없이 식사를 하는 것보다는 정성 들여 만든 음식에 대해서 "맛있는걸. 고마워, 잘 먹었어."라고 말할 수 있어야 한다. 그러면 음식을 만든 사람도 "내가 만든 음식을 맛있게 먹는구나. 더 맛있는 걸 만들어줘야지."라고 생각하게 된다.

고맙다는 말은 가까운 상대일수록 서로의 관계를 더욱 깊게 만들어주는 마법 같은 말이다.

04.
'감정으로' 전하지 말고
'감정을' 전한다

분노는 에너지가 강하기 때문에 자기도 모르게 감정적으로 전하기 쉽다. 감정을 전하는 데에 서투른 사람은 왜 이런 감정이 끓어오르는지, 마음속에 어떤 감정이 있는지 찾아서 그 감정을 말로 전하는 연습을 해보자.

감정적인 것과 감정을 전하는 것은 다르다.

'감정으로' 전하는 것이 아니라 '감정을' 전하면 당신과 상대방 모두 스트레스를 받지 않는 바람직한 관계를 유지할 수 있다.

POINT
외로움, 불안, 곤란함, 고통, 유감, 후회, 놀라움…….
분노를 느꼈을 때에는 마음속의 감정을 확인하는 것이 좋다.

오해를 받으면
정말 마음이 아파.

미안해.

정당한 평가를 해주지 않는 상사에게

"왜 내가 이런 평가를 받아야 합니까?"

"그동안 정말 열심히 일했는데 이런 평가를 받으니 마음이 아
픕니다. 이런 평가를 내린 이유를 알 수 있겠습니까?"

마음이 통하지 않는 연인에게

"왜 그렇게 내 마음을 이해하지 못하는 거야?"

"그때 ○○ 해주지 않았던 게 정말 가슴이 아파."

감정을 능숙하게 전하면 상대방을 당황하게
하지 않습니다. 또 감정적으로 말한 뒤에 후
회나 죄책감을 느낄 필요가 없습니다.

05.
원인을 추궁하기보다
제안을 한다

문제가 발생했을 때 "왜 이런 일이 생겼을까?" 하고 원인을 찾아보는 것도 중요하지만 과거에만 집착해서는 상황을 바꿀수 없다.

그보다는 미래 지향적으로 "어떻게 해야 할까?", "어떤 방법을 이용해야 할까?" 하는 식으로 제안을 하는 것이 바람직하다. 그렇게 하면 상대방과 자신이 같은 방향을 바라보며 행동할 수 있기 때문이다.

아들러 심리학에서는 경험과 원인을 추궁하는 '원인론'이 아니라 목적에 맞는 해결 방법을 찾는 '목적론'을 강조한다.

상대방이 담당한 일이 좋은 결과를 내지 못했을 때

"일을 왜 이렇게 처리한 거야?"

"이런 결과가 나오다니 믿을 수 없어! 어떻게 할 거야?"

"이게 대체 뭐야? 일을 어떻게 한 거야?"

단지 상대방을 꾸짖고 있다.

"○○하는 방식도 있는데 어떻게 생각하나?"

"다음에는 이런 방법을 이용해 보는 게 어때?"

"○○하려면 어떻게 하면 될까?"

"다음에는 어떻게 하면 좋은 결과를 낼 수 있을지 함께 생각해 보자고."

제안과 연결되어 있다.

상대방이 일처리에서 실패한 원인을 알고 싶을 때

"왜 이런 결과가 나온 거야?"

"이렇게 된 이유가 뭐야?"

실패한 원인을 추궁하면서 상대방을 꾸짖고 있다.

"이렇게 된 원인이 무엇인지 설명해 줄 수 있어?"

"이런 결과가 나온 이유를 알고 싶은데 가르쳐줄래?"

상대방을 꾸짖지 않고 이유 자체를 질문하고 있다.

"왜?"라는 추궁을 듣고 그 이유를 논리정연
하게 설명할 수 있는 사람은 거의 없습니다.

One Point Advice

웃는 얼굴로 말하면
미움을 사지 않는다는 것은 착각이다

- 상대방의 부탁을 거절할 때
- 상대방에게 부담스러울 수 있는 부탁을 할 때
- 주의를 줄 때

위의 경우처럼 하기 어려운 말을 해야 할 때가 있다.

"이런 말을 하면 어떻게 생각할까?"

"미움을 사면 어떡하지?"

"이 사람과의 관계가 나빠지면 어떻게 할까?"

이런 생각에서 자기도 모르게 억지 웃음을 띠고 상대방을 대하는 사람이 있다. 하지만 그 때문에 이쪽의 진지함이나 전하고 싶은 내용이 확실하게 전달되지 않는 경우도 많다.

"웃는 얼굴이 아니면 미움을 산다."

"웃는 얼굴로 말하면 미움을 사지 않는다."

이는 큰 착각이다. 신경 써서 웃는 얼굴로 말하다가 오히려 전하고 싶은 메시지를 이해하기 어렵게 만드는 경우도 있다. 이런 경우라면 진지한 표정으로 대하는 것이 훨씬 바람직하다.

06.
지나친 간섭에는 확실하게 'NO'라고 말한다

우리는 다른 사람에게 조언이나 도움을 청하는 경우도 있지만 기본적으로는 스스로 어떻게 할지 판단하고 해결하려 한다. 이때 쓸데없이 간섭을 하며 도움을 주겠다고 나서는 상대방에게는 확실하게 'NO'라고 말해야 한다. 이렇게 할 수 있으면 자립한 인간으로서 어떤 과제에도 의연하게 도전할 수 있다.

"○○ 씨가 네게 그런 부탁을 했어? 그건 거절하는 게 좋아. 네가 말하기 어려우면 내가 말해줄게!"

"괜찮아. 내가 알아서 대응할게. 어떻게 해야 좋을지 생각 좀 해봐야겠다."

"아이가 어릴 때에는 엄마는 일을 하지 않는 게 좋아. 아이가 불쌍하잖아."

"○○ 씨는 만나지 않는 게 좋겠어."

"그런 일은 그만두는 게 좋겠어. 네게는 어울리지 않아."

"그런 말을 왜 하는데? 쓸데없이 참견하지 마!"

"뭐야, 네가 뭔데 그런 간섭을 해?"

"고맙지만 이건 내 문제니까 내가 알아서 할게."

"이 문제에 관해서는 내게 맡기고 지켜봐주면 좋겠어."

POINT
- 참견을 하는 상대방을 거부하는 것이 아니라 자신의 의지를 전달하는 것이 포인트다.
- 자신의 의지를 확실히 전달함으로써 참견을 하는 상대방은 물론 자기 자신도 불쾌한 감정을 느끼지 않고 대화를 끝낼 수 있다.

07.
먼저 자신이 하고 싶은 말을
명확하게 전한다

"이런 말을 하면 상대가 어떻게 생각할까?"

"그 사람과의 관계가 나빠지는 것은 아닐까?"

이런 것에 지나치게 신경을 쓰고 있지는 않은가? 이럴 경우, 상대방이 알아주기를 바라는 마음보다 불안해하는 자신의 마음이 먼저 전달될 가능성이 높다.

'나는 상대방이 ○○를 이해해 주기를 바란다'는 내용을 축으로 삼아 확실하게 그 뜻을 전달해야 한다. 그렇게 하면 상대방과 대등한 관계, 즉 수평적 커뮤니케이션이 구축된다.

무엇을 말하고 싶은 것인지 자신의 마음을 솔직하게 확인해 봐야 합니다.

이 사람에게는 내 뜻이 전해질 거야.

하고 싶은 말을 명확하게 전하는 방법

상대방에게 하고 싶은 말을 명확하게 전달하고 싶다면 세 가지 단계를 밟는 것이 좋다.

1. 무엇을 말하고 싶은지 세 가지 항목을 구체적으로 정한다.

WHAT   '무엇'을 말하고 싶은가?
HOW   '어떻게' 해주기를 바라는가, 또는 어떻게 하기를 바라는가?
WHY   '왜' 그런가?

2. 객관적 사실과 주관적 판단을 구분한다.

예

객관적 사실   5회 중 3회 지각을 하고 있다.
주관적 판단   그 사람은 늘 지각을 한다.

3. 말끝을 흐리지 않고 짧은 문장으로 명확히 전달한다.

08.
부탁과 거절은
단순하게 전달한다

부탁, 거절, 주의 등 상대방에게 하기 어려운 말을 전할 때 쓸데없이 말을 늘이면 상대방을 당황시키거나 오히려 불쾌하게 만들 수 있다.

무엇을 어떻게 해주기를 바라는지, 그 이유는 무엇인지를 구체적으로 단순하게 전해야 한다. 그렇게 하면 상대방도 이해하고 받아들이기 쉽다.

부탁할 때

"시간이 나면 도와달라는 거야. 무리는 하지 말고……."

"내가 그렇게 해달라는 것이 아니라 부장님이 바라는 거야. 나도 이런 부탁은 하고 싶지 않지만……."

O

"미안하지만 지난번에 부탁한 ○○의 자료 말인데, 좀 더 서둘러서 3일까지는 처리해 주면 좋겠어. 부장님이 오늘 아침에 ○○라는 이유로 좀 더 빨리 처리하라고 하셔서 말이야. 어때, 가능하겠어?"

POINT
- '무엇을', '어떻게' 해달라는 것인지 구체적으로 말한다.
- '왜' 부탁을 하는 것인지를 구체적으로 말한다.
- 하고 싶은 말을 최대한 압축해서 단순하게 전달한다.
- 되도록 상대방을 배려하는 단어를 활용한다.

거절할 때

"특별히 하고 싶지 않다는 것이 아니라 지금은 시간이 없기도 하고, 내 일도 처리하기 어려운 형편이고, 사실 도와주고 싶기는 한데……."

"○○를 도와달라는 말이지? 미안하지만 지금은 ○○를 처리하고 있는 중이라서 ○○를 맡을 수 없는 상황이야. 만약 기한을 사흘 정도 연장할 수 있다면 가능한데, 어때?"

POINT
- 거절하는 경우에는 '미안하지만'이라는 사과의 말과 결론부터 전한다.
- '왜' 거절을 할 수밖에 없는지 이유를 구체적으로 전한다.
- 대체 방안을 전한다면 더욱 좋다.

거절을 할 때는 상대방이 "어떻게 생각할까?" 하는 부분에 대해서는 지나치게 신경 쓰지 않도록 합니다.

09.
'내가 옳고 너는 그르다'는
말은 삼간다

꾸짖을 때에 자기도 모르게 실수하기 쉬운 것이 '내가 옳고 너는 그르다.'는 마음으로 상대를 대하는 것이다. 꾸짖는 목적은 상대방이 성장하거나 개선되기를 바라는 것이다. 그렇기 때문에 어떻게 개선되기를 바라는지, 그 이유는 무엇인지를 분명하게 전할 수 있도록 노력해야 한다.

꾸짖을 때의 포인트

1. 무엇에 관해서 왜 꾸짖는 것인지, 어떻게 개선되기를 바라는지 확실하게 전한다.

2. 전하고 싶은 내용은 한 번에 하나로 한정한다. 이것저것 뭉뚱그려서 꾸짖지 않는다.

3. 다음 기회를 준다.

4. 상대방에게 어떤 사정이 있다면 그 사정에도 충분히 귀를 기울여야 한다.

시간, 기한을 지키지 않는 부하 직원을 대할 때

"왜 제출 기한을 지키지 않는 거야? 다른 사람들은 잘 지키잖아. 지키는 게 당연한 거 아냐?"

> **POINT**
> - '왜'라는 말로 상대를 꾸짖고 있다.
> - '다른 사람', '당연하다'는 말은 금물이다.
> - 자신의 생각이 세상의 상식이라 여기고 그 기준으로 상대방이 잘못하고 있다고 주장하는 것이 문제다.

"제출 기한은 지켜주면 좋겠어. 기한을 어기면 그 후의 작업을 담당하는 사람의 업무에도 영향이 있으니까. 그러니까 다음부터는 꼭 지켜줘."

> **POINT**
> - 개선해 주기를 바라는 행동을 간단명료하게 전하고 있다.
> - '왜' 그렇게 해주기를 바라는지 이유를 구체적으로 전함으로써 설득력을 높이고 있다.

상대방에게 이유를 묻고 싶을 때

⭕

"○○한 이유를 설명해 줄 수 있을까?"

One Point Advice

상대방을
윽박지르지 말자

'나는 옳다'는 생각으로 전하는 메시지는 '나는 옳고 너는 잘 못되었다'는 식으로 윽박지르는 듯한 인상을 주기 때문에 상 대방에게 불쾌감을 준다.

상대방에게 '나는 당신이 ○○ 해주기를 바란다'는 마음을 전하 도록 노력해야 한다.

꾸짖을 때 삼가야 하는 말

인격에 대한 부정

"당신, 바보 아냐?"

"이 일에는 적합하지 않은 것 같아."

POINT
그 사람 자체가 아니라 그 사람이
한 일에 초점을 맞추어야 한다.

원인에 대한 추궁

"왜 그런 식으로 처리한 거야?"

"왜 시키는 대로 하지 않은 거야?"

"왜 몇 번이나 말을 했는데 알아듣지 못하는 거야?"

POINT
• '왜'를 3회 반복하면 상대방을 추궁하는 형식이 되어버린다.
• '왜'를 내세워 추궁을 하면 상대방은 사고가 정지되어 변명
  을 생각하기 시작한다.

"당신은 늘 ○○이군."

"당신은 항상 ○○하니까."

POINT
- '늘', '항상'은 주관적인 판단인 경우가 많다.
- 실제로 '늘', '항상'이 아닌 경우, 상대방은 "내가 언제 늘 그랬다는 거야."라는 반발심이 생긴다.
- 이런 말투로 말하면 무엇을 개선해야 하는지 이해할 수 없다.

"전에도 이런 일이 있었잖아. '알았다'고 몇 번이나 대답했으면서 전혀 달라진 게 없잖아."

POINT
과거의 일을 결부시켜 상대방을 추궁하면 안 된다.

Think and Speak

능숙하게
꾸짖는 기술

꾸짖을 때 혹시 마음속으로 "어차피 말해도 나아지지 않아.", "개선될 리가 없어.", "내가 이런 말을 하도록 만드는 당신한 테 문제가 있는 거야."라는 식으로 생각하지는 않는가?

꾸짖는 것도 매우 어려운 일이다. 그리고 어렵기 때문에 이쪽 이 마음속에 불만을 품고 있으면 그것이 말투나 태도에 나타 나 그대로 전달된다. 이 경우에는 설사 맞는 말이라고 해도 상 대방이 순수하게 듣기 어렵다.
'개선해 줄 것이다', '들어줄 것이다'라는 식으로 상대방을 믿 고 꾸짖어야 상대방도 귀를 기울이고 수용하게 된다.

PART 5
상황에 따라
마음을 전달하는 방법
(업무편)

업무를 보다 보면 매일 다양한 사건들이 발생한다.
각자 다른 난처한 상황에서 어떤 말을 사용하면 되는지
다양한 사례를 살펴보자.

01.
클레임이 들어오거나
비판을 들었다

상대가 분노의 감정을 드러내는 경우가 있다. 고객이 클레임을 걸어온 상황도 같은 경우다.

이럴 때에 마음에 갖추어야 할 핵심 포인트는 '무엇을', '어떻게 하고 싶은가'를 '나'를 주어로 해서 전하는 것이다. 이때 상대를 꾸짖거나 잘못을 상대에게 일임하는 듯한 태도는 금물이다.

상대방의 분노는 상대방의 감정일 뿐 이쪽의 감정은 아니다. 상대방의 분노에 휘둘리지 말고 수평 관계에서 대등하게 커뮤니케이션을 해야 한다.

상대방의 감정적인 말투에 과격한 반응을 보이지 않도록 주의합니다.

고객으로부터 클레임이 들어온 경우

"상품 배송이 왜 이렇게 늦어요? 일을 제대로 하는 겁니까? 그 회사는 왜 늘 이런 식입니까? 어떻게 할 거예요?"

"죄송합니다. 그게, 즉시 조사해 보겠습니다……. 죄송합니다."(위축된 말투)

"죄송합니다."(약간 화가 난 말투)

> 마음속으로는 "왜 내가 이런 말을 들어야 하는 거야? 꼭 이런 식으로 말해야 하는 거야? 그리고 우리가 언제 늘 배송이 늦었다는 거야?" 하고 생각한다.

"피해를 끼쳐서 죄송합니다. 배송 상황에 대해 즉시 조사해 보고 5분 안에 연락드리겠습니다."

POINT
- 이후 또는 지금 할 수 있는 사항을 전한다.
- 왜 그런 문제가 발생한 것인지, 앞으로 어떻게 대응할 것인지를 전한다.

"당신, 이 일을 할 생각이 없죠? 적성도 아닌 것 같고!"

화가 나서 잠시 침묵을 지키다가 불쾌한 어조로 말한다.
"왜 그런 말씀을 하시는 겁니까? 이해할 수 없네요."

"죄송합니다만 그런 식으로 말씀하시면 정말 마음이 아픕니다. 어떤 부분이 일을 할 생각이 없는 것처럼 보이는 것인지 가르쳐주실 수 있겠습니까?"

말을 해도 소용이 없는 상대라는 생각이 든다면 침울해하지 말고 "이런 식으로 말을 하는 사람도 있구나." 하고 객관적인 관점을 가져보는 것도 도움이 됩니다.

노력하고 있다는 사실을
표현한다

상사가 알아주었으면 좋겠는데 도대체 알아줄 생각을 하지 않는 것 같아 답답하다고 하자. 이 경우, 자신의 뜻을 정확하게 전달하는 것이 중요하다.

하지만 감정이 앞서면 자기도 모르게 "지금까지 이렇게 열심히 노력했는데……." 하는 마음을 비치게 된다. 그 후 상대방이 "그래서 무슨 말을 하고 싶은데?"라는 질문을 하면 "이렇게 열심히 일하고 있는데……." 하고 이해해 주지 않는 상대방을 원망하는 기분을 전면적으로 드러내게 된다.

이럴 경우, 상대방은 자신을 원망한다는 생각에 기분이 나빠진다.

그 사람이 나를 이해해 주지 않는다고 생각하기 전에 상대방이 이해할 수 있도록 정확하게 말을 했는지부터 돌이켜 생각해 봅니다.

02.
말하지 않아도 알아줄 것이라고 생각한다

"말하지 않아도 알잖아."

"보통 그렇게 하잖아."

"이렇게까지 말해줘야 알아듣는 거야?"

기분 나쁜 감정을 그대로 드러내면서 말한다.

"힘들어서 그러는데 집안일 좀 같이 할 수 있을까?"

POINT

특히 가까운 상대일수록 '내가 어떻게 해주기를 바라는지 당연히 알 것이다.'라고 생각하기 쉽다. 그 때문에 "도대체 왜 모르는 거야? 신경을 쓰지 않는 건가?" 하고 상대방을 원망하게 된다.

One Point Advice

무조건 원망하기보다
구체적으로 말한다

남성들에게서 흔히 이런 말을 들을 수 있다.

"아내가 '집안일을 왜 스스로 하지 않는 거야?', '왜 꼭 말을 해야 움직이는 거야?' 하는 식으로 원망하는 말을 하면 어떻게 해야 좋을지 모르겠습니다. 도대체 무엇을 도와달라는 것인지 구체적으로 말을 해주면 좋을 텐데 무조건 원망만 하고 있으니……."

"이쪽에서 말하지 않아도 알아주었으면……." 하고 기대해도 상대방은 이쪽의 마음을 정확하게 간파하기 어렵다. 구체적으로 "○○ 좀 해주면 좋겠어."라고 명확하게 뜻을 전달하여 역할을 분담하도록 한다.

'명확하게 전달하지 않으면 알 수 없다.'라고 내 생각부터 전환합니다.

03.
다른 의견을 제시하는 사람을
내 편으로 만들고 싶다

"말씀은 이해합니다만······."

"그렇게 말씀하셔도······."

"○○ 씨는 그렇게 생각하시는군요. 그 이유를 들어보고 싶습니다. 저는 ○○라고 생각하는데 어떻습니까?"

POINT
- 우선 상대방의 의견을 받아들인 뒤에 자신의 의견을 전한다.
- 아무리 옳은 말이라고 해도 상대방은 "내 의견을 받아들여주지 않는 사람의 의견에는 귀를 기울일 필요가 없어."라는 생각이 든다. 그렇게 되면 상대방도 나의 의견을 무시하게 된다.

04.
상대방이 귀를 기울이게
부탁하고 싶다

"가능한 경우라면 부탁드린다는 말씀입니다. 무리는 하지 않아도 됩니다. 사실 이런 말을 하면 부담을 끼치는 게 아닌가 하는 느낌도 들고……."

> 쓸데없이 말을 늘이면서 변명을 하는 듯한 말투는 버려야 한다.

"(폐를 끼쳐) 죄송하지만 ○○의 문제로 부탁이 있습니다."

POINT
- '무엇을', '어떻게 해주기를 바라는가', '그 이유는 무엇인가'를 구체적이면서도 간결하게 전한다.
- 말끝을 흐리지 말고 정확하게 전한다. "진심으로 부탁드립니다."라고 머리를 숙이는 것도 중요하다.
- 상대방이 부탁을 받아준다면 "감사합니다.", "덕분에 마음을 놓을 수 있게 되었습니다."라는 감사의 말도 잊지 않는다.

05.
'NO'라는 말은 하고 싶지도,
듣고 싶지도 않다

'NO'라는 말은 상대방과 대결하자는 말이 아니다. 상대에게 'NO'라는 말을 듣는다고 해서 자신이 부정당하거나 거절당한 것은 아니다.

무엇이 'YES'이고 'NO'인지를 명확하게 하고, 어째서 'NO'인지 이유를 상대방이 충분히 이해할 수 있도록 구체적으로 전해야 한다. 이것은 상대방과의 관계 자체를 거부하는 것이 아니라 건설적인 대화를 하기 위해 반드시 필요한 부분이다.

'NO'라고 말하는 것, 'NO'라는 말을 듣는 것을 두려워하지 말아야 한다.

'NO'라는 말에 대한 부정적인 의식을 없애면 대화가 한결 편해집니다.

거절하는 말을 들었을 때

"죄송하지만 그건 받아들일 수 없습니다."

"······." (충격을 받고 침묵한다.)

"그렇군요······." (다른 말을 더 하지 않는다.)

"○○ 씨는 이 문제에 대해서는 'NO'(받아들일 수 없다는 뜻)라는 것이군요. 가능하다면 그 이유를 들어볼 수 있겠습니까?"

POINT
- 'NO'의 이유를 묻는 것으로 상대방의 사정이나 그가 끌어안고 있는 문제를 이해할 수 있다.
- 'YES'와 연결되는 해결책의 힌트나 또 다른 제안이 나올 가능성도 있다.

06.
남녀 차별적인
말을 들었다

"여자는 상대하기 싫습니다. 남자를 보내주세요."

이런 말을 듣고 화가 나거나 기분이 상한 경험이 있는가?

상대방에게 이런 말을 하는 사람은 '여성은 믿을 수 없다.'는 가치관을 가지고 있을지도 모른다. 그러나 그것은 그 사람의 가치관이다.

이런 말을 들었다고 해서 '당신을 믿을 수 없다.'는 뜻으로 받아들여 과잉반응을 하면 안 된다.

듣고 싶지 않은 말이지만 필요 이상으로 기분 나쁘게 받아들이지는 말아야 합니다.

일단 "알겠습니다."라고 말하고 다른 사람으로 대체한 다음 나중에 화를 내거나 흥분한다.

"역시 여자라서 안 되는 건가······." 하고 필요 이상으로 침울해한다.

○

"잘 알겠습니다. 그렇다면 다른 분으로 대체해 드리도록 하겠습니다."

"남자분과 일하고 싶다는 말씀이군요. 죄송하지만 이번에는 제가 담당이라서 방법이 없는데 양해 부탁드립니다."

Think and Speak

마음에 응어리를
축적하고 있지 않는가

비판을 당하거나 상처가 될 수 있는 말을 들었을 때, 마음속 감정을 억지로 눌러 참은 일은 없는가?

감정적인 태도를 보이는 것은 어른스럽지 않다는 느낌이 들고 감정을 드러내면 상대방과의 관계가 나빠질 것 같은 느낌이 들 때, 마음속 감정을 눌러버리기 쉽다. 이런 일이 몇 번 되풀이되면 마음속에 쌓인 감정이 그대로 축적되어 응어리처럼 굳어진다.

마음의 응어리를 키우지 않으려면 변명을 하듯 말을 길게 늘이지 말고 짧고 명쾌하게 말한다.

"그 말씀은 정말 충격적입니다."

"가슴 아픈 말씀입니다."

"듣기 힘든 말입니다."

이런 식으로 그때그때 느끼는 기분을 말로 전하는 것이 바람직하다.

또 비판에 대처하기 위해 당신 자신이 듣고 싶지 않은 말이 어떤 것들인지 미리 생각해 두는 것도 매우 중요하다.

"나는 괜찮아. 긍정적인 성격이기 때문에 상관없어."라는 말로 위장하지 말고 자신의 기분에 솔직하게 맞설 수 있어야 마음도 편해지고 정말로 긍정적인 사람이 될 수 있다.

"화났어?"라는 말을 듣고 "아니야!" 라고 말하면서 행동으로는 분노를 드러내는 사람을 볼 수 있습니다.

자신의 솔직한 기분을 말로 표현하지 않고 행동이나 태도만으로 표출하면 상대방이 "무서운 사람이다.", "이 사람은 가까이 하지 말아야겠다." 하는 거부감을 가지게 되므로 주의해야 합니다.

07.
회의에서 자신의 생각을
솔직하게 전할 수 없다

1. 우선 "저는 ○○라고 생각합니다." 하며 '나'를 주어로 한다.

2. 결론을 한 마디로 전한다.

3. 왜 그렇게 생각하는지 이유를 설명한다.

안정된 표정으로 자신의 의견을 위의 순서대로 차분히 전달한다면 듣는 사람에게 더 신뢰감을 줄 수 있다. 무슨 말을 하고 싶은 것인지 결론부터 말하고, 어째서 그렇게 생각하는지 그 이유와 근거를 명확하게 말할 것! 이것만으로 당당하게 자신의 의견을 전할 수 있다.

비즈니스에서는 이유와 근거가 명확하지 않으면 단순히 스쳐지나가는 생각에 지나지 않는다는 인상을 심어줄 수 있다. 다른 사람과 의견이 다르더라도 자신의 생각을 솔직하게 전할 수 있도록 노력하자.

08.
칭찬을 받으면
어떻게 반응할지 모르겠다

"아닙니다, 그렇지 않습니다."

"어쩌다 우연히 그렇게 한 것뿐입니다."

POINT
- 필요 이상의 겸손은 오히려 상대방의 기분을 상하게 할 수 있다.
- 이 경우, 상대방은 다음에 무슨 말을 해야 좋을지 알 수 없다.

O

"감사합니다. 칭찬을 들으니까 기분 좋은데요."

이렇게 말할 수 없는 경우에는 마음속에 있는 솔직한 감정을 그대로 전한다.

POINT
- 칭찬을 순수하게 받아들인다.
- '쑥스럽다', '깜짝 놀랐다'는 표현이 진심이라면 이런 대답도 좋다.

09.
지적을 당하면
즉시 기분이 우울해진다

다른 사람에게 지적을 받거나 주의를 들으면 즉시 기분이 우울해지는 경우가 있다. 하지만 상대방은 당신의 존재를 부정하는 것이 아니고 당신을 무시하는 것도 아니다.

이럴 때에는 상대방이 무슨 말을 하고 싶은 것인지를 파악하고, 과잉반응은 하지 말아야 한다. 그 말을 순수하게 받아들이고 적절하게 대응해 나가는 것이 당신이 성장하는 계기가 될 수 있다.

상대방의 지적

"○○를 개선해 주면 좋겠습니다."

"당신의 ○○는 정말 신경이 쓰입니다."

"○○ 말씀이군요. 앞으로 주의하도록 하겠습니다."

상대방의 말을 순수하게
받아들인다.

자신의 사정을 전하고 싶을 때

"○○라고 생각하시는군요. 저는 ○○라고 생각했습니다. 앞
으로는 조심하도록 하겠습니다."

POINT
상대방의 말을 들은 뒤에 "하기 어려운 말씀이었
을 텐데 이렇게 충고해 주셔서 감사합니다." 하고
말하는 것은 한 단계 위의 대응 방법이다. 상대방
에게도 자신의 사정이나 마음이 충분히 전달된다.

10.
상대방의 부탁을
거절하고 싶다

"죄송합니다만 ○○는 어렵겠습니다."

"죄송합니다. ○○는 어렵겠습니다. 이해해 주시기 바랍니다.
부탁드립니다."

> **POINT**
> • 가장 중요한 점은 말끝을 흐리지 말고
>   명확하게 전달해야 한다는 것이다.
> • 이렇게 해야 상대방에게 자신의 진심
>   이 전달된다.

11.
식사 초대를
거절하고 싶다

"감사합니다. 하지만 그날은 다른 예정이 있어서……. 정말 죄송합니다."

POINT
우선 식사 초대를 해주었다는 데에 대하여
감사하는 마음을 전하고 거절한다.

만약 다음에 기회가 되어 함께 시간을 보내고 싶은 상대인 경우에는 이런 대답이 좋다.

"다음 기회에 꼭 함께 식사하도록 하지요."

12.
의견이 다른 상대방에게
내 뜻을 전하고 싶다

가까운 상대인 경우

"보통 ○○하잖아!"

"○○해야 하는 거 아냐?"

"왜 ○○하지 않는데?"

POINT
'보통', '왜 ○○하지 않는데?'라는 식의 틀에 박힌 말은 하지 말아야 한다.

"나는 ○○라고 생각하는데 어때?"

POINT
자신의 의견을 전하고 상대방의 의견을 물어본다.

13.
동료가 어려운 시험에
합격했다

"○○ 씨, 대단해. 이렇게 바쁜 상황에서 자격증까지 따다니,

나로서는 도저히 불가능한 일이야."

POINT
자신의 열등감을 드러내기 때문에 상대방
의 합격에 대해 용기를 부여할 수 없다.

"○○ 씨, 합격 축하해! 이렇게 바쁜 상황에서 정말 열심히 했

나 봐. 목표를 정하고 노력해서 결과를 도출해 낸다는 건 정

말 대단한 일이지."

POINT
상대방이 노력을 해서 합격했다는 것을 함께
기뻐하며 용기를 부여하고 있다.

14.
상대방에게
부탁을 하고 싶다

"○○ 씨가 ○○해주면 정말 마음을 놓을 수 있을 텐데⋯⋯."

POINT
상대방에게 의존하는
부탁 방법이다.

"나는 ○○ 씨에게 ○○를 부탁하고 싶은데 가능할까?"

POINT
자신이 상대방에게 무엇을 원하는지
솔직하고 명확하게 전하고 있다.

15.
다른 사람에게
잘못을 지적받았다

"그런 말은 들은 적이 없기 때문에 내 책임이 아닙니다."

"다른 사람도 그런 식으로 처리하던데요."

POINT

'나는 잘못이 없다. 다른 사람이 잘못한 것이다'라는 자세를 취하면 해결되는
것은 아무것도 없다. 상대방은 "이 사람과는 일하기 싫다.", "믿을 수 없는
사람이다."라는 부정적인 이미지를 가지게 된다.

O

"죄송합니다(내 잘못이 아니라고 해도 일단 사과를 한다). 다른 사람들
도 이렇게 처리해서 맞는 방식인지 알았습니다. 제대로 처리
하는 방법을 가르쳐주시면 감사하겠습니다."

POINT

실수를 해서 피해를 끼친 것은 사실이다. 사과를
한 뒤에 해결 방법에 관하여 진지하게 질문한다.

16.
나에게만 잡무를 맡기는
상사에게 의견을 말하고 싶다

"왜 제게만 이런 일을 맡기십니까? 저도 바쁘니까 다른 사람

에게도 맡겨주십시오."

POINT
- '나에게만'이라는 것은 객관적 사실이 아니라 주관적 판단일 뿐이다.
- 자신이 어떤 상황인지 설명을 하지 않으면 상대방은 알 수 없다. 따라
  서 단순히 하기 싫다는 말처럼 들릴 뿐이다.

"저는 지금 ○○를 작성하고 있어서 시간을 내기 어렵습니다.

이번 일은 다른 사람에게 맡기시는 게 어떻겠습니까?"

POINT
자신의 상황을 전하고 그 일을
맡을 수 없는 이유를 설명한다.

17.
나의 의견을 들어주지 않는
상사에게 의견을 말하고 싶다

"제 의견은 어차피 들어주실 리 없겠지만……."

"그게…… 저는 ○○라고 생각합니다만……."

말을 제대로 끝맺지 않고 있다.

POINT
'어차피 들어주지 않을 것'이라고 미리 단정을 하고 있을 뿐
아니라 뒷말을 명확하게 전하지 않고 있다. 이래서는 상대
방도 귀를 기울이지 않는다.

"죄송하지만 저 나름대로 생각한 의견이 있는데, 말씀드려도
되겠습니까?"

POINT
'죄송하다'는 말을 꺼내 일단 상대방이 이쪽
의 말에 집중하도록 해놓고 '들어주기를 바
라는 의견이 있다'는 것을 솔직하게 전한다.

18.
부하 직원에게
주의를 주고 싶다

"보고 좀 확실하게 해주었으면 좋겠어."

"인사 좀 제대로 했으면 좋겠어."

"다른 사람의 이야기도 귀 기울여 듣고 확실하게 ○○해주게."

POINT
'확실하게', '제대로'
라는 애매한 표현은
하지 않는 게 좋다.

"분위기 좀 파악하라고!"

"상대방의 입장에 서서 행동하라고!"

POINT
둘 다 어떻게 하라는 것인지, 어떤 행동을 바라는 것
인지 명확하지 않아서 상대방이 알아들을 수 없다.

O

"○○ 씨, 고객에게 들은 정보는 그날 안에 보고해 주면 좋겠어. 고객에 대한 대응이 통일되지 않으면 불신을 줄 수 있거든. 앞으로 부탁해."

O

"○○ 씨, 다른 사람의 말을 들을 때에는 가능하면 메모를 하는 게 좋아. 상대방이 자신의 말을 경청하고 있다는 사실을 알 수 있도록 태도와 행동을 이용해서 듣는 게 정말 중요하거든. 예를 들어 ○○한 태도를 보이면 상대방도 자신의 말을 경청한다고 생각하기 때문에 ○○ 씨에게 많은 정보가 들어올 거야."

O

"상사와 상담할 때에는 갑자기 말을 거는 것보다 '○○에 관해서 상담이 있습니다. 지금 괜찮겠습니까?' 하고 먼저 확인하는 게 좋아. 앞으로 그렇게 부탁하네."

19.
실수를 반복하는 부하 직원에게
그동안 쌓인 불만을 전하고 싶다

"전부터 말하려고 했는데, 다른 사람들은 다 확실하게 일을

처리하는데 왜 자네만 실수를 되풀이하는 건가?"

POINT
- 본래 전하고 싶은 내용이 아니라 다른 사람과 비교해서 실수를 되풀이하는 상대가 나쁘다고 원망하고 있다.
- '전부터'라는 말은 '줄곧 그렇게 생각하고 있었다'는 말로 해석되어 상대방에게 충격을 줄 수 있다.

"○○ 같은 실수는 앞으로 하지 않도록 신경을 써주게. 왜냐하

면……."

POINT
- 실수를 하지 말라는 내용을 압축해서 명확하게 전달하고 있다.
- 실수를 하는 것에 의해 주위에 어떤 피해를 끼치게 되는지, 본인은 어떤 피해를 입게 되는지 상대방이 이해할 수 있도록 이유를 설명한다.

20.
약속 시간에 툭하면 지각하는 사람에게 주의를 주고 싶다

"자네는 대체 왜 늘 지각을 하는 건가? 사회인으로서 자각은 있는 건가?"

> **POINT**
> 상대를 원망하면서 '늘'이라는 주관적 판단으로 말하고 있다(기본적 오류).

O

"시간은 정확하게 지켜주면 좋겠어. 같이 일하는 사람도 피해를 입게 되고 자네 역시 업무상 신뢰를 잃게 되니까. 알았지?"

> **POINT**
> • 상대방을 원망하지 않는다.
> • 다음부터 어떻게 하면 좋은지, 그 이유는 무엇인지 명확하게 전달하고 있다.

21.
젊은 세대를
지도하기 힘들다

젊은 세대와의 가치관 차이 때문에 고민하는 사람도 많다.

'왜 이해하지 못할까?'

'보통 이렇게까지 이야기하면 알아듣는데……. 사회인으로서의 상식인데 왜 그걸 모를까?'

이렇게 생각만 하고 있어서는 아무리 시간이 흘러도 상대방과 마음이 통하는 대화는 하기 어렵다.

젊은 세대와는 자란 환경이 달라 가치관이나 경험도 다를 것이다. 예를 들면, 요즘 젊은이들은 어린 시절부터 휴대 전화를 사용했기 때문에 일반 전화를 다른 사람에게 바꾸어주는 등의 경험이 많지 않아, 전화 연결 업무에 미숙한 부분이 많다. 이 부분을 받아들이고 우선 상대방을 인정하는 것부터 시작해야 한다. 상호 신뢰가 없이는 적절한 지도나 육성은 할 수 없다.

젊은 사람들의 사고방식, 가치관을 인정하고 그 후에 어떻게 해야 좋은지, 그 이유는 무엇인지 설명하도록 한다.

전화 업무가 서툰 직원의 경우

"전화를 연결하는 게 잘 안 됩니다."

"상대방이 누구인지 모르는 전화를 받는 게 두렵습니다."

"이런 것도 못해?"

"이런 것도 몰라?"

"하나하나 말을 해야 알아들어?"

"그래? 일반 전화를 사용한 적이 별로 없어서 그럴 거야."

상대방의 상황을 이해한 뒤에 어떻게 해야 하는지 지도한다.

자신의 말을 이해하게
하려면 우선 상대방을
이해해야 합니다.

22.
잘못을 지적했더니
배운 적이 없다고 말한다

자신의 잘못을 인정하지 않고 다른 사람 탓으로 돌리는 부하 직원을 보면 자기도 모르게 화가 치밀어 오르는 경우가 있다. 하지만 그 부하 직원의 발언에 감정적으로 대하면 역효과를 일으킨다.

상대방의 발언에 반응하지 말고 그가 저지른 잘못이 어떤 피해를 끼치고 앞으로의 일에 어떤 장애가 되는지 설명해 주는 것이 바람직하다.

그리고 설사 배우지 않았다고 해도 잘못한 일은 객관적으로 받아들여야 한다. 그 중요성을 알아듣기 쉽게 설명하면 부하 직원도 조금씩 상사의 말을 수용할 것이다.

"왜 남 탓으로 돌리는 거야?"

"잘못을 했으면 인정을 해야지."

"배운 적이 없더라도 자네가 담당한 일이잖아. 잘못을 저질렀으면 일단 그 부분을 인정해야지. 그런 다음에 사정을 설명해야 하는 거야. 그렇게 해야 자네의 말에도 다른 사람이 귀를 기울이게 되거든."

모르겠는데요.

배운 적이
없어서요.

감정적으로
말하지 않도록
주의합니다.

23.
부하 직원에게
주의를 주기 어렵다

'상대방에게 미움을 사고 싶지 않다.', '상대방을 기분 나쁘게 하고 싶지 않다.'는 생각에서 자기도 모르게 좋은 사람인 척 연출하는 경우도 있다. 하지만 그런 행동이 지속되면 "나는 이렇게 배려하고 있는데!" 하는 생각이 반복되어 어느 순간 감정이 폭발하게 된다.

따라서 주의를 주어야 할 상황이 있으면 그때그때 솔직하게 느낀 점을 이야기하는 습관을 갖추는 것이 바람직하다.

"가능하면 ○○ 좀 해줄 수 있어?"

"자네는 늘 ○○하는군. 다른 사람들은 ○○하는데."

"○○ 씨가 ○○해주지 않으면 다른 사람들이 힘들어."

"하나하나 설명을 해야 알아듣겠나?"

O

"○○ 씨, 제출 기한은 반드시 지켜주면 좋겠어. 왜냐하면 ○○ 씨가 기한을 지키지 않으면 그 이후에 일을 처리해야 하는 사람의 업무에도 지장이 생기거든."

POINT

- 무엇을 어떻게 개선하기를 바라는지 이유를 포함해서 전한다.
- 상대방의 눈치를 보면서 기분 나쁘지 않도록 말을 돌려서 하면 상대방은 "이 사람 말은 적당히 넘어가도 되겠어."라고 생각한다.
- 쓸데없는 말은 하지 말고 의연하게 필요한 말만 전하는 쪽이 상대방에게 확실하게 전달된다. 이때 억양에도 신경을 쓰는 게 좋다.

Think and Speak

자기도 모르게
남성 부하 직원을 윽박지를 때

남성 부하 직원을 대할 때 자기도 모르게 긴장하는 여성 상사가 있다. "여성이라고 우습게 보이고 싶지 않아.", "남성 상사와 비교당하고 싶지 않아."라는 생각이 작용해서 수평 관계의 커뮤니케이션을 할 수 없는 경우다.

그러나 "여성이라고 우습게 보이기는 싫다."고 생각하는 한 대등한 관계를 구축할 수 없다.

예를 들어, 남성 부하 직원이 자신과 다른 의견을 제시했을 때, 자신의 의견이나 방식이 부정당했다고 생각하여 "하지만……." 하고 즉각적인 반발을 보이거나 "내가 시키는 대로 해!"라고 윽박지르는 일은 없는가?

'그런 의견도 있을 수 있다'고 받아들이고 상대방의 장점을 인정할 수 있어야 상대방도 당신을 인정하게 된다.

부탁을 할 때나 꾸짖을 때 '무엇을', '어떻게 해야 좋은가' 하는 부분을 구체적인 말로 전달하는 한편, 상대방이 이해할 것이라는 믿음을 가져야 한다.

부하 직원이 당신과 다른 의견을 제시할 때

"내 방식대로 하면 돼."

"알았으니까 우선 시키는 대로 해."

"그런 의견도 있을 수 있지. 말해줘서 고마워. 그런데 이번에는 내가 부탁한 대로 처리해 줄 수 없을까? 왜냐하면 ○○한 이유가 있기 때문이야."

이유도 명확하게 설명한다.

24.
돈에 대한
협상을 하고 싶다

돈과 관련된 이야기는 솔직하게 말하기 어렵기 때문에 마음 속의 응어리로 남기 쉽다. 하지만 돈과 관련된 이야기를 하는 것은 결코 나쁜 것이 아니다. 불만이 쌓여 갑자기 폭발하거나 관계 자체가 나빠지는 것보다 솔직하게 뜻을 전하는 용기를 갖추는 것이 훨씬 바람직하다.

"돈과 관련된 이야기이기 때문에 말하기 거북하지만⋯⋯."
하고 이야기를 시작하는 것도 좋은 방법이다.

"돈과 관련된 이야기이기 때문에
말하기 거북하지만⋯⋯."

"지난번에 빌려간 돈을 이제 돌려주면 좋겠어."
"연봉을 좀 올려주시면 좋겠습니다."

"그 이유는⋯⋯."

파견 직원 또는 계약직 사원인데 시급을 올려주기를 원할 때

"늘 감사하게 생각하고 있습니다. 이번에 결정하신 시급에 관해서 의논할 일이 있습니다. 제시하신 시급을 좀 더 올려주셨으면 좋겠습니다. 그 이유는 지금까지 파견 근무한 회사에서 ○○라는 평가도 받았고, 실적이 ○○만큼 오르는 데 기여했다고 생각합니다. 가능하다면 ○○원 정도 올려주실 수 있겠습니까? 한번 검토해 주시기를 부탁드립니다."

POINT
- 그동안 신경을 써준 데 대한 감사의 마음을 전한다.
- 무슨 의논인지를 솔직하게 전한다.
- 시급을 올려달라는 이유와 근거를 명확하게 전한다.
- 어느 정도의 인상을 원하는 것인지 말하고 검토해 달라는 뜻을 전한다.
- 정중한 언어, 겸손한 태도로 부탁한다.
- 말끝을 흐리지 말고 끝까지 확실하게 전한다. "올려주셨으면……." 하고 얼버무리는 것은 좋지 않다.
- '나'를 주어로 해서 말한다. "○○ 씨가 신경을 써주시면 감사하겠습니다만……." 하는 식의 말은 안 된다.

제시한 금액보다 보수를 올려주기를 바랄 때

"이번에 제시하신 보수에 관해서 부탁이 있습니다. ○○원을
제시하셨는데 ○○원은 안 되겠습니까? 이유는 ○○입니다.
한번 검토해 주시기를 부탁드리겠습니다."

POINT
- 이번에는 보수를 올리기 어렵다는 대답을 들을 수 있으니 다음에는 어떻게 했으면 좋은지 생각하고 협상 자리에 앉는다. 이밖에도 부탁할 다른 내용들이 있다면 미리 생각해 두는 게 좋다.
- 제시한 보수 문제로 의논할 내용이 있다는 것을 명확하게 전한다.
- 어느 정도의 금액을 올려주기를 바라는지 구체적으로 전한다.
- 그 이유를 말한다.

연봉 협상을 하는데 생각보다 금액이 많지 않을 때

"이번 협상에서 연봉 문제로 의논할 일이 있습니다. 솔직히 말씀드리면 예상했던 연봉보다 적은 금액이어서 당황했습니다. 저는 ○○원 정도는 상승할 것이라고 생각했습니다. 그 이유는 ○○입니다. 괜찮으시다면 이번에 그 연봉이 어떻게 제시된 것인지 이유를 설명해 주실 수 있겠습니까?"

POINT
- 예상했던 연봉이 어느 정도였는지 전한다.
- 솔직한 마음을 전해도 좋지만 감정적으로 말하지 말고 어떻게 생각하는지를 전한다.
- 자신이 예상한 구체적인 연봉을 말한다.
- 왜 그런 연봉이 제시된 것인지 이유를 묻는다.

용돈, 생활비를 올려달라고 하고 싶을 때

"용돈(생활비) 때문에 의논할 일이 있어요. 지금 한 달에 ○○원을 받고 있는데 앞으로는 ○○원 정도 받으면 좋겠어요. 왜냐하면 한 달에 ○○원 정도가 들어가서 매달 ○○원이 부족하거든요. 그러니까 ○○원을 올려주실 수 없을까요? 부탁드립니다."

POINT
• 우선 용돈(생활비)과 관련된 의논이라는 사실을 전한다.
• 왜 올려 받아야 하는지 말하고 구체적인 금액을 제시한다. 쓰임새에 대해 구체적으로 메모를 해서 금액을 제시하면 상대방의 이해도를 높이고 설득 가능성도 커진다.

One Point Advice

주의해야 할
언행

가까운 상대이기 때문에 더욱 솔직하게 전한다.

'NO'라고 말할 때에는 상대방 자체를 비난하지 않는다.

자신의 주관적인 생각이 아니라 객관적인 사실을 전한다.

자신을 인정해 주지 않는 상대를 원망한다고 해서 인정받을 수는 없다는 사실을 명심한다.

"하기 어려운 말을 할 때 웃는 표정으로 말하면 미움을 사지 않는다."는 것은 큰 착각이라는 사실을 명심한다.

Think and Speak

해서는 안 되는 말들

- "왜 나만 이런 꼴을……."
- "전부터 말하려고 했는데……."
- "나는 이렇게 열심히 노력하고 있는데……."
- "내 의견은 어차피…….", "나는 어차피……."
- (무엇인가 부탁하기 전에) "당신은 ○○하고 싶지 않다고 생각하겠지만……."
- "○○ 씨는 좋겠다. 하지만 나 같은 건……."
- "○○ 씨 때문에 말하지 못했는데……."
- "나뿐 아니라 모든 사람들이 이렇게 생각한다고."
- "나하고 일 중에서 어느 쪽이 중요해?"
- "당신이 ○○해주면 좋을 텐데."
- "당신이 ○○라면 좋을 텐데."
- "내가 ○○했으니까 당신도 ○○해야지."

PART 6
상황에 따라 마음을 전달하는 방법
(생활편)

가족이나 소중한 사람, 그리고 친구 관계……
우리는 일상생활에서도 다양한 사람들을 상대한다.
상대방과의 거리를 줄일 수 있는 말, 마음을 명확하게 전하는 말,
상대방의 마음에 깊이 파고들 수 있는 말을 살펴보자.

01.

상대와의 첫 대면에서
좋은 인상을 주고 싶다

"처음 뵙겠습니다. 저는 〇〇〇라고 합니다. 잘 부탁드립니다!"

POINT
- 첫인상은 평균 7, 8초 만에 결정된다.
- 우선 웃는 얼굴, 밝은 목소리로 인사를 하는 것이 기본이다.
- 이름을 말할 때에는 당연히 성과 이름을 함께 밝혀야 한다.

첫인상이 앞으로의 만남을 좌우한다는 말이 있을 정도로 처음 만난 순간의 인상은 영향력이 매우 강하다.

나이나 지위가 자기보다 위인 상대와 어느 정도 친해진 경우,
너무 예의 바른 언어를 사용하면 거리감이 사라지지 않는다.
이럴 때에는 좀 더 친근감 있게 대하는 것이 좋다.
단, '친근감' 있게 상대할 때에도 넘지 말아야 할 선은 있다.
친근감 있는 언행과 예의는 다른 문제다. 따라서 인사, 정중
한 말투 등은 반드시 지키도록 한다.

△

"지난번에 인사드렸던 ○○○입니다."
"아, 그러십니까?"
"지당한 말씀입니다."

○

"지난번에 만났던 ○○○입니다."
"그렇군요."
"맞는 말씀입니다."

02.
기쁨, 슬픔, 분노 등의 감정을
자연스럽게 전하고 싶다

감정이 자연스럽게 전달되는 표현

첫째, 표정, 태도, 목소리의 톤, 말투 등의 비언어와 자신의 감
정이 일치해야 한다.
둘째, 무엇에 관한 감정인지 알 수 있도록 전달해야 한다.
셋째, '나'를 주어로 삼아 전달해야 한다.
넷째, 자신의 기분에 솔직해야 한다.

"나는 ○○ 씨가 이번에 도와주어서 정말 기분 좋았어!"
"약속을 지키지 않아서 나 정말 섭섭했어."

감정이 자연스럽게 전달되지 않는 표현

첫째, 비언어와 자신의 감정이 불일치한다.

둘째, 무엇에 관한 감정인지 이해하기 어렵다.

셋째, '분노'나 '슬픔' 등의 음성적인 감정을 표현할 때에는 상대 탓으로 돌린다.

"당신이 화나게 했잖아!"
"내가 이런 생각을 하는 건 당신 때문이야!"

03.
상대방이 고민을
상담해 왔다

"그럼 이렇게 하도록 해."

상대는 즉각적인 해결책보다 우선 자신의 기분을 이해해 주기를 바랄 수도 있다.

"힘들겠지만 노력해 봐."

기분이 가라앉아 있을 때 노력하라는 말을 들으면 기분이 더 나빠지는 사람도 있다.

"그런 일이 있었어? 정말 힘들겠다."

격려를 하는 것이 아니라 일단 공감부터 하고 상대방의 이야기를 듣는다.

상대가 늘 같은 고민을 상담해 올 경우가 있다.

충고를 해주었는데도 "하지만……." 하고 답변할 뿐, 몇 번이나 같은 고민을 상담해 온다. 그런 상대에게는 두 가지 대응법이 있다.

"그러니까 결국 어떻게 하고 싶은 거야?"

"내 생각은 이미 이야기했으니까 나머지는 이제 ○○ 씨가 결정해야 돼."

이처럼 자신은 더 이상 해줄 말이 없다는 점을 분명히 이야기해야 한다.

04.
무슨 생각을 하는지 알 수 없는
상대에게 의견을 묻고 싶다

"당신은 정말 무슨 생각을 하고 있는지 알 수가 없어."

꾸짖는 듯한 말을 해서는 안 된다.

"○○ 문제로 당신의 의견을 듣고 싶어."

부탁하는 듯한 말투이기 때문에
상대방도 기꺼이 대화를 나누고
싶은 기분이 들 것이다.

One Point Advice

마음에 들지 않는 사람,
불편한 사람을 상대할 때

마음에 들지 않는 사람, 불편한 사람은 누구에게나 있기 때문에 그런 사람을 상대해야 할 경우도 반드시 있다. 이때 '마음에 들지 않는다', '불편하다'는 선입관 때문에 과민반응을 하면 그 마음이 상대방에게 그대로 전달될 수 있다. 또 그런 선입관에 지나치게 얽매이면 그 사람의 언행이 모두 기분 나쁘게 느껴지기도 한다.

그럴 때에는 자연스럽게 상대할 수 있도록 노력해야 한다. 필요 이상으로 관여하지 말고 기본적인 인사나 업무상 필요한 부분 등은 자연스럽게 주고받는다. 또 대화를 나눌 때는 상대를 꾸짖거나 원망하지 말고 자기 자신도 과민반응을 보이지 않도록 주의하면서 이야기한다.

05.
좋아하는 사람에게
마음을 전하고 싶다

마음에 두고 있는 사람에게 고백을 할 때는 늘 긴장된다. 고백은 하고 싶은데 망설여질 때, 마음을 어떻게 전해야 좋을지 알 수 없을 때에는 다음과 같은 점을 의식하자.

1. 어떤 대답이 돌아오더라도 자신의 인간성이 부정당하는 것은 아니다.

2. 고백할 자신이 없을 때, 고백을 하지 않을 경우에 후회를 할지, 그렇지 않을지를 생각한다.
   '고백하지 않으면 후회할 것'이라는 판단이 내려지면 다른 생각은 하지 말고 일단 고백한다.

O

"나, 당신이 정말 좋아."

POINT
- 말끝을 흐리지 않고 끝까지 명확
  하게 말한다.
- 솔직한 자세로 진실하게 말한다.

06.
장래에 관한 말을 안 꺼내는
연인에게 결혼에 대해 묻고 싶다

"당신은 나를 어떻게 생각해? 우리의 장래에 대해서 생각은
하고 있는 거야?"

> 꾸짖는 듯한 말투는 상대를 위축시키거나
> 주눅 들게 만들기도 한다.

"이런 걸 물어보면 당신이 어떻게 받아들일지 걱정이 되기는
하지만…… 기분 나쁘게 듣지 말고……."

> 빙빙 돌려서 하는 말은 뜻이
> 명확하게 전달되지 않는다.

◯

"어떤 식으로 말해야 좋을지 솔직히 망설였지만 우리의 미래에 관해서 중요한 이야기가 있어. 우리가 만난 지 3년이 지났잖아. 결혼에 대해 어떻게 생각하고 있는지 듣고 싶어."

POINT
어떤 식으로 말해야 좋을지 망설였다는 등의 솔직한 마음을 전하면 상대방에게 이쪽의 뜻이 명확하게 전달된다.

07.
외로운 마음을
제대로 전달할 수 없다

연인에게 "답장이 없어서 외로워."라고 말하면 왠지 부탁을 하는 것 같아서 기분이 나쁘다고 말하는 사람이 있다. 그래서 마음은 외롭지만 자기도 모르게 오기를 부리면서 상대방을 원망하는 바람직하지 못한 결과를 낳는다. 이럴 때에는 솔직하게 외로운 마음을 전달하는 것이 바람직하다.

"문자를 보내면 왜 즉시 답장을 하지 않는 거야?"
"주말에 왜 만나주지 않는 거야?"

연애에서 괜히 승패를 의식하면 상대방과 마음 편한 관계를 구축하기는 어렵습니다.

O

"문자를 보냈는데 답장이 없어서 불안했어."

"만나본 지 오래되어서 보고 싶어."

POINT
- 부족한 부분에 초점을 맞추고 그에 대한 나의 감정을 솔직하게 전하는 것이 바람직하다.
- 내 쪽에서 솔직하게 마음을 전하면 상대방도 솔직해질 수 있고, 나의 마음을 받아들일 수 있다.

스킨십도 '용기 부여'의 한 방법입니다.

주의! 상대방이 좋아하는 경우에는 '용기 부여'가 되지만 좋아하지 않는 경우에는 추행이 될 수 있습니다.

08.
부모님에게 충돌 없이
내 의견을 말하고 싶다

부모는 자녀가 몇 살을 먹어도 잔소리를 하게 된다. '이렇게 했으면 좋겠다', '이렇게 해야 한다'는 생각이나 바람은 가까운 대상일수록 더욱 강하다. 부모의 마음을 받아들이면서 자신의 생각을 전달할 수 있도록 경계선을 명확히 하자.

결혼을 재촉하는 부모

부모 : "빨리 결혼해야지. ○○도 결혼한다더라."

"잔소리 좀 그만하고 그냥 내버려둬요!"

"걱정하시는 건 아는데, 저도 생각이 있으니까 잠시 지켜봐주세요. 정리가 되면 말씀드릴게요."

화내지 않으면
지는 것?

화가 났을 때 화를 내지 않고 상대방에게 아무런 말도 하지 않는 것은 상대방에게 지는 것, 자신의 주장을 포기하는 것이라고 생각하는 사람이 있다.

자신의 판단으로 "이 상황에서는 굳이 말하지 말자.", "굳이 화를 내지 않아도 되는 일에는 가능하면 화를 내지 말자."고 마음을 정한다는 것은, 어떻게 해야 좋을지 상황을 판단할 줄 안다는 것이다. 그 결과, 상대방이나 자신을 원망하지 않고 대화를 마무리할 수 있다면 자신의 감정이나 선택에 책임을 질 수 있는, 진정으로 자립한 사람이 될 수 있다.

Think and Speak

결혼을 앞둔 상대와
확인해야 할 것

금전 문제

- 가계는 누가 관리할 것인가?
- 맞벌이부부일 경우 집안일의 분담은 어떻게 할 것인가?
- 부모님에게 생활비를 보내고 싶을 경우 어떻게 부담할
  것인가?
- 지출에 대한 가치관이 맞는가? 어느 부분에 어느 정도
  의 지출을 생각하는가?

돈은 부부에게 매우 중요한 문제다. 금전 문제에 대해 애매하
게 정해두면 나중에 갈등의 씨앗이 되는 경우가 있다.

우선, 자신의 가치관을 억제하지 말고 어떻게 하고 싶은지 솔
직하게 이야기하는 것이 바람직하다.

아울러, 상대방의 주장에도 귀를 기울이고, 내용에 따라서는
어느 부분에 어느 정도의 지출이 있는지 데이터(상세 금액)를
살펴보면서 대화를 나누는 것이 좋다.

일, 가사, 육아

- 결혼을 하거나 출산을 하면 일을 계속할 것인가, 그만 둘 것인가?
- 가사는 어떻게 분담할 것인가?

가사 분담에 대해서는 "맞벌이니까 서로 협력해서 담당한다." 는 식으로 애매하게 정했다가 막상 결혼 생활이 시작된 이후에 한쪽이 불만을 터뜨리는 경우도 종종 있다.

그리고 "이 정도는 해줘야 하는 거 아냐?", "말을 해야만 알아?" 하는 식으로, 특히 여성 쪽에서 불만을 터뜨리는 경우가 많다. 그런 일이 없도록 하려면 분담해야 할 일들을 구체적으로 나누어 정해두는 것이 바람직하다(청소, 세탁, 요리, 쓰레기 처리 등).

09.
육아에 적극적이지 않은 남편에게
의견을 말하고 싶다

"당신은 아빠로서의 자각이 부족해!"

POINT
- 남편은 아빠로서 무엇을 해주기를 바라는 것인지 모를 수도 있다.
- 그런 상대를 아무리 원망해도 당신이 원하는 행동은 하지 않는다.
- 무엇이 부족한 것인지 이해할 수 없는 애매한 말을 들으면 당황하거나 화를 내는 남편도 있다.

"육아 문제로 도와줬으면 하는 부분이 있어. ○○를 해주면 좋을 것 같은데 어떻게 생각해?"

지나친 말을 했을 경우

"어제는 나도 화가 나서 심한 말을 했어. 미안해."

지나친 말을 한 것에 대해
솔직하게 사과한다.

관계를 좀 더 개선하고 싶을 때

"항상 ○○해줘서 고마워."

"늘 ○○해줘서 정말 큰 도움이 돼."

평소에 감사하는 마음을 말로 표현
하는 습관을 갖추면 말다툼 자체가
발생하지 않는다.

Think and Speak

언어 자체가 다른
남녀의 대화 비결

난처한 일이 있을 때

난처한 일이 발생했을 경우, 남성은 문제 해결을 더 중요하게 생각하기 때문에 보통 어떻게 하면 좋을지 해결책을 생각한다. 거기에 비하여 여성은 대체로 공감을 원하고 자신의 감정을 인정해 주기를 바란다.

그렇기 때문에 여성으로부터 상담이 들어왔을 때에는 "그렇다면 이렇게 하면 됩니다." 하는 식의 해결책이 아니라 "정말 힘드시겠네요.", "그렇죠. 가슴 아프지요."라는 식으로 일단 공감부터 하면서 이야기에 귀를 기울이는 태도가 효과적이다.

여성이 화를 냈을 때에도 "왜 그렇게 화를 내는 거야?", "화내지 말고 이야기해."라고 대응하면 안 된다. 그렇다고 "미안해, 미안해." 하면서 일단 이 상황을 진정시키고 보자는 말투로 대응하면 더욱 화를 부추기게 된다.

사과를 하려면 1차 감정(87쪽 도표 참조)에 주목하고 "가슴 아프게 해서 미안해.", "걱정하게 했구나. 미안해."라는 식으로 공감하는 마음을 보이는 것이 바람직하다.

상대방을 인정하고 싶을 때

열심히 노력하고 있는 부분에 대해 칭찬을 들으면 자신에게 공감하고 있다고 생각하여 기분이 좋아진다. "정말 열심히 노력하는구나." 하는 식의 말이 여기에 해당한다.

여성은 누군가에게 도움이 되고 있다는 것을 인정받을 때에 기쁨을 느끼는 경향이 있기 때문에 "늘 고맙게 생각해.", "당신 덕분이야."라는 감사의 메시지를 아낌없이 전하는 것이 바람직하다. 거기에 비하여 남성은 사회적으로 도움이 되는 사람이라는 인정을 받으면 기쁘게 생각한다. 예를 들어, 자신의 공적이 조직에서 인정을 받거나 사회적으로 높은 평가를 받는 경우다.

"○○ 씨 덕분에 팀의 실적이 부쩍 올라갔어."

"이 분야에 관해서는 ○○ 씨가 최고야."

"○○ 씨 덕분에 ○ 부장이 좋아서 난리야."

놀라울 정도로 효과적이니 반드시 활용하도록 하자.

"도다 씨가 커뮤니케이션 강사로서의 능력을 더 향상시키고 싶다면 이와이 도시노리 선생님을 찾아가 아들러 심리학을 배우는 것도 좋을 거야."

몇 년 전, 내가 기업 연수원에 강의를 나갈 때 종종 도움을 주던 담당 부장으로부터 들은 말이다.

커뮤니케이션 능력은 기술뿐 아니라 마인드도 중요하다고 생각했기에 나는 늘 "자기 자신을 믿는 힘을 가지고 상호 신뢰를 토대로 삼은 커뮤니케이션 능력을 갖추어야 한다."고 말해왔다. 하지만 이 마인드라는 것을 어떻게 전달해야 좋을지 고민을 하고 있던 참이었다.

충고를 듣고 즉시 이와이 도시노리 선생님의 저서를 탐독한 뒤, 블로그에 감상을 투고했더니 이와이 도시노리 선생님이 직접 코멘트를 달아주었다. 그 인연으로 직접 찾아가 만나볼 수 있었고, 본격적으로 강좌를 듣게 되었다. 이후 이와이 도시노리 선생님으로부터 배운 아들러 심리학을 적용하여 마인드를 효과적으로 전달하는 데 중요한 토대를 세울 수 있었다.

무엇보다 나 자신에게 용기를 부여할 수 있었다. 다른 사람과 비교하지 않고 불완전한 자신을 인정하는 것이 왜 중요한지 깨달았고, 일이 뜻대로 진행되지 않았을 경우 자신이나 상대를 원망하지 않고 문제를 해결해 나가는 법도 알게 됐다.

이 책에는 내가 실질적으로 상담한 경험적 사례를 소개하는 한편, 마음을 전달하는 방법이나 상대방의 말을 경청하는 기술, 그 토대가 되는 마인드에 관한 내용을 담았다.

인간관계에서 "이럴 때에는 어떻게 해야 좋은가?"를 생각할 때 자신이나 상대를 원망하지 않고 서로에 대한 신뢰를 바탕으로 대화를 나눌 수 있는 사람들이 증가하기를 바라는 마음으로 집필했다.

이 책을 집필하는 동안 내게 용기를 주고 흔쾌히 감수를 맡아준 아들러 심리학의 스승인 이와이 도시노리 선생님께도 진심으로 감사를 드린다.

이 책에는 우리에게 흔히 발생하는 감정인 '분노'를 이해하고 능숙하게 다루기 위해 '분노조절Anger Management'에 대한 내용도 일부 소개했다. 나의 분노조절 상담 지도자이며 일본 분노조절협회http://www.angermanagement.co.jp/의 대표이사를 맡고 있는 안도 슈운스케安藤俊介 씨, 내게 아들러 심리학을 권해준 오카 유키히로岡幸弘 씨, 그리고 처녀작인《초보자를 위한 접객, 응대》에 이어 내게 용기를 부여해 주고 지원해 준 담당 편집자 호시노 도모에星野友繪 씨에게 깊이 감사를 드린다.

마지막으로, 나를 믿고 지켜봐주시는 부모님, 내가 하는 일과 이번 책 출간에 대해 아낌없이 응원해 주는 남편과 아들에게 진심으로 고마운 마음을 전하고 싶다.

2014년 11월
도다 구미

참고 문헌

- 이와이 도시노리(岩井俊憲), 『용기 부여 심리학(증보 개정판)』(金子書房, 2011)
- 이와이 도시노리(岩井俊憲), 『만화로 읽는 아들러 심리학』(日本能率協会マネジメントセンター, 2014)
- 이와이 도시노리(岩井俊憲), 『카운슬러가 가르쳐주는 자신에게 용기를 부여하는 기술』(同文館出版, 2013)
- 이와이 도시노리(岩井俊憲), 『있는 그대로의 자신을 인정한다 : 인생을 성공으로 이끄는 아들러 심리학』(寶島社, 2014)
- 이와이 도시노리(岩井俊憲), 『인간관계가 즐거워지는 아들러의 가르침』(大和書房, 2014)
- 현대아들러심리학연구회, 노다 슈운사쿠(野田俊作) 감수, 『아들러 심리학 교과서』(ヒューマンギルド出版部, 2002)
- 오구라 히로시(小倉広), 『알프레드 아들러 : 인생에 혁명이 일어나는 100가지 말』(ダイヤモンド社, 2014)
- 알프레드 아들러, 기시미 이치로(岸見一郎) 역, 『개인심리학 강의』(星雲社, 2012)
- 기시미 이치로(岸見一郎), 『아들러 심리학 입문』(ベストセラーズ, 1999)
- 안도 슈운스케(安藤俊介), 『'분노'의 매니지먼트 기술 : 유능한 사람일수록 초조해하지 않는다』(朝日新聞出版, 2011)

가슴에 바로 전달되는

아들러식
대화법

초 판 1쇄 발행 2015년 9월 15일
개정판 1쇄 발행 2024년 6월 20일

지은이 | 도다 구미
감수 | 이와이 도시노리
옮긴이 | 이정환
펴낸이 | 한순 이희섭
펴낸곳 | ㈜도서출판 나무생각
편집 | 양미애 백모란
디자인 | 박민선
마케팅 | 이재석
출판등록 | 1999년 8월 19일 제1999-000112호
주소 | 서울특별시 마포구 월드컵로 70-4(서교동) 1F
전화 | 02) 334-3339, 3308, 3361
팩스 | 02) 334-3318
이메일 | book@namubook.co.kr
홈페이지 | www.namubook.co.kr
블로그 | blog.naver.com/tree3339

ISBN 979-11-6218-302-1 03190